추억을
먹고 산다

추억을
떡고 산다

에덴의 추억을 회복하신 하나님

구본규 지음

아침향기

목차

시작하면서

아빠와 아들이 재미있게 놀듯이 하나님 아버지와 아들 아담은 에덴 동산에서 즐거운 추억을 만들고 사셨는데 아담이 뱀의 유혹을 받아 아버지 하나님과 멀어지게 되어 동산의 숲에 숨기까지 하게 되었다. 결국에는 에덴에서 추방을 당하자 하나님은 아담과의 옛 추억을 회복시키시려고 마지막 아담으로 예수님을 세상에 보내셔서 죽음까지 맛보시고(히3:9, 15) 새 에덴을 회복하시었다. 아담의 후손들 중 상당수를 새 에덴으로 돌아가서 살 수 있도록 하셨다(요 3:16).

이제 예수님을 영접하는 사람들에게는 예수님과 아름다운 추억을 만들고 살도록 하나님의 영 성령을 부어 주셔서 아담처럼 실패할 수 없도록 하나님 아버지와 아들 예수님과 그를 믿고 따르는 추억을 가진 모든 사람들이 성령님의 은혜와 사랑의 줄에 묶여서 영원한 새 에덴에서 살게 되었으니 이제는 하나님과 아담의 후손

추억을 먹고 산다

들과의 결별이 없다(고후1:21,22). 예수님이 피를 흘리고 싸우셔서 오직 예수님과의 추억을 만들어가는 사람들은 이 영원한 복을 누리게 된다는 것을 여기에 쓰려고 한다.

　이미 우리 크리스천은 성경에서 하나님과 대화하고 추억을 세워가고 있다. 물론 예수님과 추억을 만듦은 성령님 안에서 새 에덴의 생활을 하고 있는 것과 같으니 만 가지 추억도 있지만 새 에덴의 추억을 먹고 살고 있는 것이다.

미국 LA에서 예수님을 기다리며

2024년 1월 1일 글쓴이

PART **1.**

추억을
회복하시는 하나님

PART 1.

추억을
회복하시는 하나님

하나님은 추억을 회복하셨다.

하나님이 흙으로 아담을 지으시되 또 그의 아내는 아담의 갈빗 대로 지으셨다. 그들로 하여금 에덴동산 그 낙원에서 각종 과일과 맑은 물을 먹고 마시고 즐겁게 살게 하셨다. 아담 부부가 뱀의 유혹을 받아서 하나님이 금하신 선악과를 따먹고 죽게 되었으나 당장 죽이지 아니 하셨다. 에덴에서 추방 시키셨고 측은히 여기셔 서 나갈 때는 아담 부부에게 가죽 옷을 지어 입혀 주셨다. 에덴에 서 나가서 930년을 살기까지 두셨다.

하나님은 아담을 지으시고 에덴에서 함께 지내던 추억을 이렇 게 되살리시고자 하셨다. 그 뿐인가. 아니다. 아담의 후손에게서라 도 대를 이어 이 땅에 살도록 배려하셨다. 아벨은 하나님께 제사 한 번 잘 지내고 가인에게 죽임을 당했으나 아벨 대신에 또 셋을 주셔서 대를 잇게 하셨다.

결국 예수님도 셋의 후예 노아에게서 난 셈족에게 아브라함, 다윗의 자손이라고 부르게 되었다. 신기한 것은 예수님은 부활하고 영생하시어 잃어버린 아담을 회복시키사 에덴에 두셨다는 것이다. 이름까지 첫 사람 아담, 마지막 아담이라고 했다.

> (고전15:45-49) "45기록된 바 첫 사람 아담은 생령이 되었다 함과 같이 마지막 아담은 살려주는 영이 되었나니 46그러나 먼저는 신령한 사람이 아니요 육의 사람이요 그 다음에 신령한 사람이니라 47첫 사람은 땅에서 났으니 흙에 속한 자이거니와 둘째 사람은 하늘에서 나셨느니라 48무릇 흙에 속한 자들은 저 흙에 속한 자와 같고 무릇 하늘에 속한 자들은 저 하늘에 속한 이와 같으니 49우리가 흙에 속한 자의 형상을 입은 것 같이 또한 하늘에 속한 이의 형상을 입으리라"

여기서 잠깐! 짚고 넘어가야 할 것이 있다. 지옥이 없다고 하는 사람들이 하나님은 사랑이시기에 사람을 지옥에 보내지 아니 하신다고 주장한다.

옳은 말이다. 그러나 그 원리를 바로 알지 못해서 오해를 하고 있다. 인간적으로 표현하면 불쌍해서 눈물을 머금고 보내시면서 가죽 옷을 지어 입히시기까지 하셨다.

추억을 먹고 산다

사람의 법으로 말하면 재판장은 죄인이 미워서 벌을 주는 것이 아니라 법에 따라서 판단을 하는 것이다. 하나님도 아담이 미워서가 아니라 하나님 스스로를 부인하실 수 없어서 자신이 말씀하신 법대로 심판하신 것임을 알아야 한다.

하나님은 옛날 그 아담이 동산에서 하나님 앞에서 살던 모습을 추억하시면서 그 시절로 되돌아 가고 싶은 마음에서 아담의 후손들, 더럽고 악한 것들을 살리시려고 예수님을 보내시고 우리의 죄를 대신 담당하시고 십자가에서 돌아 가시고 다시 부활하셔서 그를 믿는 자들은 모두가 에덴에서 행복을 누리게 되었다. 이 사실을 체험하고 살아 가는 우리들이 어찌 하나님은 사랑이라고 하지 않을 수가 있겠는가.

> (요일4:8, 16) "8사랑하지 아니하는 자는 하나님을 알지 못하나니 이는 하나님은 사랑이심이라
> 16하나님이 우리를 사랑하시는 사랑을 우리가 알고 믿었노니 하나님은 사랑이시라 사랑 안에 거하는 자는 하나님 안에 거하고 하나님도 그의 안에 거하시느니라"

하나님은 사랑이라 할 수만 있으면 사람을 살리시는 방향으로 갈 수 있게 허용하셨다. 문제는 인간, 곧 아담의 후손은 어쩔 수 없

는 죄인들이라서 그 죄가 죄인을 끌고 다니기에 망한다.

아담의 첫 아들 가인이 아벨을 쳐 죽였으므로 가인 자신의 양심이 자신을 정죄하여 천하에 어디를 가도 누구에게 맞아 죽을 것 같아서 하나님께 살려 달라고 하였다. 하나님이 가인에게 표를 주사 가인을 죽이는 자는 벌이 칠배라고 하셨을 정도이다.

> (창4:14, 15) "14주께서 오늘 이 지면에서 나를 쫓아내시온즉 내가 주의 낯을 뵈옵지 못하리니 내가 땅에서 피하며 유리하는 자가 될지라 무릇 나를 만나는 자마다 나를 죽이겠나이다, 15여호와께서 그에게 이르시되 그렇지 아니하다 가인을 죽이는 자는 벌을 칠 배나 받으리라 하시고 가인에게 표를 주사 그를 만나는 모든 사람에게서 죽임을 면하게 하시니라"

하나님이 인간을 얼마나 사랑하신다는 것을 알 수 있다. 하나님은 죄인들이 지은 죄를 어떻게 하든지 갚으신다는 그런 인정도 사정도 없는 그러한 냉정한 분이 아니다. 다만 인간이 망하는 것은 자신이 지은 죄가 자신을 망하게 하는 것이다. 하나님의 에덴에 대한 추억, 아담과 다정하게 지내셨던 때를 다시 한번 더 돌아보자.

"그들이 그 날 바람이 불 때 동산에 거니시는 여호와 하나님의 소리를 듣고 아담과 그의 아내가 여호와 하나님의 낯을 피하여 동산 나무 사이에 숨은지라, 여호와 하나님이 아담을 부르시며 그에게 이르시되 네가 어디 있느냐"(창3:8, 9).

이 때 죄를 알지도 못했던 아담이 숨었다는 것은 죄라는 것이 죄인을 망하게 하고 있는 것이지 하나님이 죽이려고 찾아 내시는 것이 아니었다.

집안 정원에서 아버지가 귀여운 자녀들과 지내는 장면이 아닌가. 다만 아담이 죄를 지어 죄를 알게 되고 그래서 결국 하나님과 멀어지게 되었으니 하나님은 애닲아 하시는 것이다. 그래서 그 에덴을 추억하시면서 되찾으실려고 하나뿐인 아들, 죄를 알지도 못하시는 분을(고후5:21) "하나님이 죄를 알지도 못하신 이를 우리를 대신하여 죄로 삼으신 것은 우리로 하여금 그 안에서 하나님의 의가 되게 하려 하심이라"

이 죄많은 세상에 보내사 이 수 많은 죄인들의 죄를 대신 담당하시고 십자가에서 돌아 가시고 부활하셔서 에덴을 다시 회복하셨으니 하나님께 얼마나 큰 영광이요 기쁨이겠는가.

"아버지께서 내게 하라고 주신 일을 내가 이루어 아버지를

이 세상에서 영화롭게 하였사오니, 아버지여 창세 전에 내가
아버지와 함께 가졌던 영화로써 지금도 아버지와 함께 나를
영화롭게 하옵소서"(요17:4, 5).

하나님의 사랑은 그야말로 하늘을 두루마리 삼고 바다를 먹물 삼아도 다 기록할 수 없다고 하는 말이 옳다. 아담 하와는 어쩔 수 없다고 하더라도 그의 후손 억조 창생을 에덴으로 다시 돌아갈 수 있게 하시려고 외아들을 희생시키신 은혜는 놀랍고도 귀하다.

하나님은 홀로 사시기를 원치 아니하신다. 마지막 아담이신 예수님과 그를 통하여 구속함을 받은 수많은 사람들과 새 에덴, 곧 새 하늘과 새 땅에서 살기를 원하신다. 아담이 범죄하기 전의 추억을 되살리는 우주적인 역사를 하시는 것이다.

성경에 기록되었으니 이 새 에덴은 하나님의 계획대로 반드시 이루어진다. 이 계획대로 이루어지기 위해서 온 세상에 살고 있는 구원 받은 억조 창생도 각자, 한 사람 한 사람이 추억을 먹고 사는 모습을 볼 수 있다.

아담이 에덴에서 쫓겨난 후에도 죽은 아벨 대신에 셋을 주시고, 그 이후에도 팔백년을 지내며 자녀를 낳았다고 했으니 자녀가 얼마나 많았겠느냐. 그러나 그 많은 자녀들은 성경에 기록되지 않고 셋에서 노아까지 족보가 남아 있는데 거기에 나오는 셋의 자손들

은 모두가 거의 천년을 살았다.

아담도 죄를 범했으나 930세를 살았으니 이 모두가 하나님이 사람을 장수하게 하고픈 마음이 있었던 것을 알 수가 있다. 아담과 에덴에서의 추억 그것을 포기 하기가 어려웠던 것이다. 그러니까 놓치고 싶지 않아서 오래 오래 살게 하시다가 점점 사람의 생명이 짧아지게 되었다.

노아 홍수 이후에는 하나님이 노아의 후손들에게도 옛날 아담에게 주셨던 복, 곧 생육하고 번성하여 땅에 충만하라고 복을 주시고(창9:1-3; 참고:창1:28,29). 동물도 식용으로 사용하라고 허용 하셨다(창9:3). 동물성 식품을 먹어서 사람의 생명이 짧아졌다고 하나, 하여튼 이때부터 삼사백년 이백년 이렇게 줄어 들었다.

PART 2.

추억을 먹고 산
신앙의 조상들의 모습

 PART **2.**

추억을 먹고 산
신앙의 조상들의 모습

I. 노아의 추억

노아야 말로 역사적으로 가장 큰 하나님의 심판을 목격하고 다시 새 시대를 열었던 위대한 인물이다. 물론 지금의 온 세상에 비하면 그 지역이 좁았을 것이요 사람의 숫자도 훨씬 적었겠지만 온 천하를 물로 심판하신 하나님의 위엄을 보게 되었다.

> "내가 홍수를 땅에 일으켜 무릇 생명의 기운이 있는 모든 육체를 천하에서 멸절하리니 땅에 있는 것들이 다 죽으리라"(창 6:17; 참고 창7:10-12).

> "노아가 육백 세 되던 해 둘째 달 곧 그 달 열이렛날이라 그 날에 큰 깊음의 샘들이 터지며 하늘의 창문들이 열려, 사십 주야를 비가 땅에 쏟아졌더라"(창7:11, 12).

이렇게 되면 그 누가 살아 남을 수 있겠는가. 그러나 노아의 여덟식구와 짐승들과 새들은 방주에 들어가서 살아 남게 되었다. 그 다음에 바람을 불게하여 땅을 말리고 땅의 샘들이 막히고 하늘의 창이 막히고 비를 그치게 하신 하나님(창8:1-2). 이렇게도 하나님의 심판을 목격한 노아와 그의 식구들에게 복주시고 앞으로는 물로 심판하는 일은 없을 것이라고 무지개로 약속하셨다. 하나님의 약속을 보게 되었으니 노아의 이 추억은 그의 평생에 잊을 수가 없었을 것이다.

노아에게 또 한가지 잊을 수 없는 추억

이 일은 노아에게만 아니라 인류 역사에 중요한 문제를 남겼다. 노아가 포도 농사를 하여 포도주를 마시고 취하여 집 안에서 벌거벗고 누워 있었다. 그 모습을 노아의 둘째 아들 함이 보고 그 사실을 첫째 셈과 세째 야벳에게 일러주었더니 셈과 야벳이 옷을 취하여 자기들의 어깨에 메고 뒷걸음쳐 들어가 아비의 하체를 덮어 놓고 그대로 나왔다.

"노아가 술이 깨어 그의 작은 아들이 자기에게 행한 일을 알고, 이에 이르되 가나안은 저주를 받아 그의 형제의 종들의

추억을 먹고 산다

종이 되기를 원하노라 하고, 또 이르되 셈의 하나님 여호와를 찬송하리로다 가나안은 셈의 종이 되고, 하나님이 야벳을 창대하게 하사 셈의 장막에 거하게 하시고 가나안은 그의 종이 되게 하시기를 원하노라 하였더라"(창9:24-27).

여기서 중요한 교훈은 족장 노아의 축복과 저주가 그대로 이루어졌다는 것이다. 오늘까지 이대로 되고 있음을 현실에서 보게 된다.

셈족은 동양인이라고 할 수 있는데 유대인들까지도 셈족이다. 세월이 너무 많이 흘러 족속끼리 통혼을 하여 얼굴색도 많이 변했으나 근본은 아직도 그대로다.

함은 그 아들을 가나안이라고 부르기도 했으나 아프리카쪽, 곧 흑인계이다. 이스라엘 족속이 가나안을 정복하던 당시는 가나안 칠족이라 해서 하나님과는 원수로 미개하고 우상 숭배하는 족속들이었다. 현재 흑인이라고 하면, 미국은 이제 많이 변했다. 아브라함 링컨 대통령이 노예 해방을 하기 전 보다야 사람 대우를 받고 있다. 극히 일부는 정부기관 고위직이 되기도 하지만 일반인들은 제대로 인간 대우를 받지 못하는 경우가 빈번하다. 노아가 저주한 대로 된 것이다.

야벳은 백인 계통인데 역시 구미 각국에서 살고 있고 대우 받는 족속이다. 이들이 오직 얼굴이 백색이라서 우월심을 가지고 유색 인종을 무시하는 경향이 심하다. 이 모두가 노아가 축복하고 저주한 대로 되었으니 성경은 확실한 하나님의 말씀이요, 그 예언대로 되는 것을 증거하고 있다.

이 부분은 물론 인류에게 베푸신 하나님의 일반 은총이지만, 일반 은총도 이렇게 차별이 있다. 노아가 아무리 당대의 어른 노릇을 했다고 해도 그는 하나님이 아니기에 구원에 관한 특수 은총에는 손을 댈 수가 없는 것이다.

> **그러나 여기서 또 교훈하는 것은 족장 혹은 가장은 자녀들에게 축복권이 있음을 알아야 할 것이다. 오늘 이 은혜의 시대에 저주는 할 수 없으나 부모의 축복이 귀하다는 것을 알아야 한다.(참고: 제 5계명)**

또 여기서 기억해야 할 것은 소돔과 고모라 지역에 함의 자손들이 살았다는 것(창10:19) 고약한 일을 저지르는 족속이었고, 이들이 크게 망했으나 아직도 많이 남아 있다.

이들을 보라 그들 중에는 특별히 교양을 쌓아 모범적인 사람도, 지도자도 더러 있으나 얼굴이나 몸 전체가 새까만색이라서 화장을 해도 소용이 없는 것 같다.

추억을 먹고 산다

오늘에 와서는 이 까만 사람들이 소돔과 고모라에서 행했던 저주 받을 짓을 백인도 기타 유색 인종들도 모두 행하고 있으니 온 세계가 망하기 일보전이다.

2. 아브라함의 추억

아브라함은 추억해야 할 일이 많았다.

하나님께서 아브라함에게 물론 그 이름이 당시엔 아브람이었으나 그에게 복의 근원이 될 것이라 하시고 아브람에게 축복하는 자에게는 복을 주고 저주하는 자에게는 저주하여 땅의 모든 족속이 너를 인하여 복을 얻으리라 하셨으니 그는 처음부터 탄탄대로를 걷는 것이 되었으나 시련이 전무했던 것은 아니었다.

아브람은 가나안 땅으로 들어가서 살려고 했으나 그 땅에 기근이 심하여 애굽으로 내려 갔다. 거기서 당면한 문제는 아브람의 아내 사래가 너무 미인이라 아브람을 죽이고 아내를 빼앗아 가겠다는 걱정과 두려움이었다. 그 아내 사래에게 자신의 누이라고 시켰다. 애굽인들이 사래를 애굽의 궁중 바로 왕에게 데려가게 되었다. 그 즉시 바로의 집에 큰 재앙이 내려 바로 왕이 아브람을 불러 크게 책망을 하고 사래를 돌려 주었다.

바로 왕이 사래를 어떻게 대우를 했는지, 바로 왕에게 어느 정도 재앙을 내렸는가. 하여튼 이것은 아브람의 큰 실수다. 아내를 빼앗기더라도 자기 목숨만 살겠다는 것은 비겁한 행동이다.

하나님이 그에게 복의 근원이 될것을 약속하셨음을 망각한 어리석은 행위였다. 당시 애굽에 어떤 예법이 있어서 바로가 사래에게 어떤 절차를 지키느라고 손을 쓰지 않았는지는 모르나 상식적으로 그녀를 취했으리라는 생각이고, 아브람이 얻은 것은 많은 재물이다. 구원 받은 하나님의 자녀들의 조상으로서는 명예롭지 못한 행위였고, 아브람으로서는 평생을 두고 후회스러운 나쁜 추억이었다. 그가 아내 사래를 볼 때마다 부끄러운 마음이었을 것이다.

사람들에게는 나쁜 추억도 있을 수 있고 좋은 추억도 있을 수 있다. 좋은 추억은 생각 할수록 좋고 행복한 꿈에 잠길 수가 있으나 나쁜 추억은 그 사람을 괴롭게 한다.

아브라함에게는 이런 나쁜 추억이 되풀이 되었다. 아브라함이 이 다음에 다시 남방 땅으로 이사를 갔는데 거기 그랄이란 곳에서 아내 사라를 자기 누이라 하여 그 땅 그랄 왕이 사라를 데려다 취하였더니 그 밤에 하나님이 그랄 왕 아비멜렉의 꿈에 나타나셔서 그 여인 때문에 네가 죽으리라고 하였다. 여기서도 그랄 왕이 아브라함을 불러 책망을 하고 사라를 돌려 보내고 소와 양과 노비를 아브라함에게 선물로 주었다. 여기서는 분명히 그랄 왕이 사라에게

추억을 먹고 산다

손을 대기 전에 하나님이 꿈에 나타나셔서 경고하셨다고 했으나 아브라함에게는 거듭되는 실수였다(창20장).

이렇게 졸장부 짓을 거듭한 사람, 그래도 하나님은 그를 택한 백성의 조상으로 삼으신 것은 역시 은혜다. 율법을 주시기 전에 은혜로만 된 일이다(참조 갈3:7).

가장 무섭고 두려운 추억

아브라함이 다시 기억 하기도 싫은 두려운 추억이 무엇이겠는가. 소돔과 고모라의 추억이다.

아브라함이 소돔과 고모라를 멸하겠다고 하신 하나님께 의인 열 사람이 있으면 멸하지 않겠다는 약속까지 받아 내었으나 거기에도 미치지 못하여 소돔과 고모라가 유황불 비로 멸망을 당하고 그의 조카 롯의 처는 소금 기둥이 되고 롯의 사위들까지 다 망하게 된 그 추억은 꿈속에서도 자주 나타났을 것이다.

성경을 못 믿는 사람들은 이런 말을 하면 무슨 신화나 옛날 이야기로 여기겠지만 소돔과 고모라의 자리에는 지금도 소금바다, 곧 사해가 되어 고스란히 남아 있다.

"소돔과 고모라 성을 멸망하기로 정하여 재가 되게 하사 후세

에 경건하지 아니할 자들에게 본을 삼으셨으며"(벧후2:6)

이렇게 예수님의 제자 베드로가 다시 기록하기도 했다. 앞으로 있을 예수님의 재림과 심판에 대해서도 베드로는 분명히 기록하고 있다.

> "그러나 주의 날이 도둑 같이 오리니 그 날에는 하늘이 큰 소리로 떠나가고 물질이 뜨거운 불에 풀어지고 땅과 그 중에 있는 모든 일이 드러나리로다 이 모든 것이 이렇게 풀어지리니 너희가 어떠한 사람이 되어야 마땅하냐 거룩한 행실과 경건함으로 하나님의 날이 임하기를 바라보고 간절히 사모하라 그 날에 하늘이 불에 타서 풀어지고 물질이 뜨거운 불에 녹아지려니와 우리는 그의 약속대로 의가 있는 곳인 새 하늘과 새 땅을 바라보도다"(벧후3:10-13).

오늘 우리에게는 그런 일이 있었다는 것이지만 실지로 목격한 아브라함은 얼마나 끔찍한 추억이었을까. 그 현장에 있었고, 그 현장을 매일 볼 수 있었던 그 사건 이후의 모습, 이런 몸서리치는 추억은 정말 없어야 한다.

추억을 먹고 산다

행복하고 영광스런 추억도 있었다.

노아는 오백 세 된 후에 셈과 함과 야벳을 낳았으니 그에 비하면, 아브라함이 백 세에 아들 이삭을 낳았다는 것은 그렇게 늦은 것이 아닐 수도 있으나 아브라함의 때로서는 늦은 편이었다. 아브라함이 백 세에 아들 이삭을 낳게 된 것은 하나님의 특별한 은총으로 아브라함을 열국의 아비가 되게 하셨기 때문이요.(창17:5) 아브라함의 아내 사라는 열국의 어미로 세우셨기에 구십 세에 아들을 낳게 된 것이다(창17:16, 17).

이보다 더 놀라운 문제는 이렇게 얻은 아들을 하나님이 지시하시는 산에 가서 번제로 하나님께 제사 드리라는 명령이다. 이것은 성경에는 하나님이 아브라함을 시험하셨다고 한다. 하나님의 본래 취지가 시험이니, 시험하는 것이 목적이지 이삭을 받으시겠다는 것이 아니었다(창22:1-14).

아브라함은 하나님의 명령대로 순종하였고 하나님은 이삭을 제물로 받으시지 않았고, 대신에 수양 한 마리를 예비해 주셔서 그 수양을 제물로 받으셨다(창22:13). 이러한 아브라함의 추억은 숨질 때까지 잊을 수 없는 영광스러운 추억이다.

아브라함은 애굽에 갔을 때도 자기 목숨 살리겠다고 아내를 누이라고 했고(창12:13) 그 뒤에 그랄에 갔을 때도 그렇게 하여 자기 목숨을 빼앗기지 아니 할려고 비겁한 짓을 한 사람이지만(창20:9) 그의 못난 행위를 보시지 않고 하나님을 향한 믿음을 보셨다(히 11:17-19).

부전자전으로 한 때 아브라함의 아들 이삭도 그의 아버지 아브라함처럼 그랄이란 땅으로 가서 살면서 아내 리브가를 누이라고 하였다. 아내를 빼앗기는 일이 생기더라도 자기는 죽지 않으려 한 것이다. 그곳 블레셋 왕 아비멜렉이 창문으로 이삭이 리브가를 껴안은 모양을 보게 되어 아비멜렉이 이삭을 불러 책망을 하고 백성들에게 리브가는 이삭의 아내이니 그녀를 범하는 자는 죽이겠다고 명령을 내리게 되었다(창26:8-11).

하나님은 아브라함에게 너의 후손이 하늘의 별과 같이 번성할 것을 약속하신 대로(창15:5; 22:18) 그리스도를 통하여 구원 받을 사람이 많아지게 되었다.

"그런즉 믿음으로 말미암은 자들은 아브라함의 자손인 줄 알지어다 또 하나님이 이방을 믿음으로 말미암아 의로 정하실 것을 성경이 미리 알고 먼저 아브라함에게 복음을 전하되 모든 이방인이 너로 말미암아 복을 받으리라"(갈3:7-8)

이런 말씀을 읽어보면 유대인들이 예수님께로 돌아오게 마련인

추억을 먹고 산다

데 아예 읽어보지도 않고 담을 쌓고 있는 모양이다.

> "이 약속들은 아브라함과 그 자손에게 말씀하신 것인데 여럿
> 을 가리켜 네 자손들이라 하지 아니하시고 오직 한 사람을 가
> 리켜 네 자손이라 하셨으니 곧 그리스도라 내가 이것을 말하
> 노니 하나님께서 미리 정하신 언약을 사백삼십 년 후에 생긴
> 율법이 폐기하지 못하고 그 약속을 헛되게 하지 못하리라 만
> 일 그 유업이 율법에서 난 것이면 약속에서 난 것이 아니리라
> 그러나 하나님이 약속으로 말미암아 아브라함에게 주신 것이
> 라"(갈3:16-18)

하나님 아버지께서는 아담이 범죄하기 전의 추억으로 돌아가게
하실려고 예수님, 곧 하나님의 독자를 통하여 아브라함에게 약속
하신 하늘의 별과 같은 수 많은 자녀들을 주신 것을 오늘 우리들은
보고 있다.

아브라함의 독자 이삭을 모리아 산 제단에 제물로 드림으로
이렇게 하늘의 별과 같이 아브라함의 후손이 번성하게 된 것처
럼 예수님을 십자가에 못 박음으로 아브라함의 후손이 천하에
번성하게 된 것은 하나님의 아담에 대한 추억 그것을 회복 하시
겠다는 뜻이다.

3. 요셉의 추억

이삭이 가진 추억도 있고 다음 야곱의 추억도 있지만 조금 건너 뛰어서 요셉의 추억을 생각해 보고자 한다.

요셉은 야곱의 열두 아들 중에서 열한번째 아들이요, 야곱의 아내 레아와 라헬 자매 중에서 야곱의 사랑을 더 두텁게 받는 라헬의 소생 중에서는 첫째이고, 둘째는 베냐민이다.

이 요셉에게 특기할 것은 그의 꿈이다. 17세쯤 되어서 그가 꾼 꿈이야기다.

첫째 꿈은 그의 형들이 밭에서 곡식 단을 묶었더니 요셉의 단은 일어서고 그 부형들의 단은 요셉의 단을 둘러서서 절하였다는 것. 다시 또 꿈을 꾸었는데 해와 달과 열한 별이 요셉에게 절하는 꿈이었다.

야곱이 라헬에게서 낳은 아들이기도 하고 늦게 낳은 아들이기도 해서 야곱은 요셉을 특별히 사랑하는 것에 더하여, 이러한 꿈 이야기 때문에 형들에게는 시기심을 불러 일으켰지만 요셉은 철 없이 좋아하며 살았다. 이러한 꿈에 대한 추억을 가지고 살았다는 것이다. 결국 그 추억이 결실하는 과정에서 형들이 그를 죽여 버리려고 구덩이에 던져 넣기도 하고, 다시 형들이 그를 팔아 애굽으로 가게 되었다. 애굽에서는 애굽 왕 바로의 신하의 집에 팔려가서 그

집의 총무로 일하다가 그 집 주인의 아내가 요셉을 범하려 하는 것을 거절하였다.

그 결과 오히려 요셉이 그 여인을 범하려 했다는 모함을 받아 감옥살이를 하게 되고, 감옥살이를 하는 동안에 거기서 만난 바로 왕궁에서 일하는 일꾼들의 꿈을 해석해 주었다. 그 후에 옥에서 풀려나서 바로의 궁에서 다시 일을 하게 된 일꾼이 바로 왕이 꿈을 꾸고 해몽을 못해서 고민할 때 요셉을 왕에게 소개 해서 요셉이 왕의 꿈 해몽을 잘 해주었다. 그 결과 요셉은 옥에서 나오게 될 뿐만 아니라 왕의 신임을 받아서 애굽의 총리가 되었다.

애굽 왕의 꿈처럼 애굽에 7년 풍년이 오고, 그 다음 7년은 흉년이 왔다. 요셉이 정치를 잘 해서 풍년 때 비축해 둔 곡식으로 흉년 때 애굽의 백성들 뿐만 아니라 이웃 다른 나라에서도 곡식을 사러 온 사람들이 많았다. 그 중에는 가나안에 사는 요셉의 형들도 있었다.

마침내 요셉은 형들과 만나게 되고, 요셉이 그의 형들과 유일한 아우 베냐민은 물론이고 그의 아버지 야곱을 모셔오라고 하여 그들로 하여금 애굽 땅에서 살게 하였다. 결국 요셉이 꿈을 꾼대로 이루어졌다. 그의 어머니는 이미 세상을 떠났으나 아버지와 형제들이 모두 요셉에게 절을 하는 결과가 되었다.

요셉은 어린 나이 17세에 꾸었던 꿈 그것을 평생 추억하며 살았고, 그 추억을 먹고 산 대로 위대한 인물이 되었다(창37-47장).

사람의 일생에는 좋은 추억도 있으나 나쁜 추억도 있다. 요셉에게도 형들에게 미움을 받아 구덩이에 던져졌던 때도, 애굽으로 팔려가던 때는 정말 비참했다. 구덩이에 들어가게 되었을 때는 살려 달라고, 살려 달라고 얼마나 형들에게 빌었을까. 구덩이에서 끌어올렸을 때는 이제 살았구나 안도의 숨을 내쉬었으나 아니었다. 목숨은 살았으나 다시는 아버지도 아우도 형들의 얼굴도 볼 수 없게 애굽으로 팔려가게 되었으니 갈수록 막막하여 눈물도 나오지 않았을 것이다.

그러나 요셉의 마음 속에는 꿈에 보았던 그림같은 환상이 자리잡고 있었을 것이다. 언제일까 언제쯤에 그 꿈이 이루어질까 그에게 그 추억은 사라지지 않았을 것이다.

추억을 먹고 산다

PART **3.**

예수님의 에덴 회복 작전

PART **3.**

예수님의
에덴 회복 작전

예수님은 십자가를 전투라고 표현하셨다. 결국 하나님이 외아들 예수님, 죄를 알지도 못하시는 그에게 십자가를 지게 하신 것은 아담이 잃어버린 에덴을 회복하기 위하여 하신 작전이란 것이다.

성경에 나타나 있는 지역은 지금도 그 옛날 에덴이었다고 할 수는 있으나 옛 모습은 없다. 이제 새 에덴은 지금의 하늘과 땅은 완전히 없어지고 새 하늘과 새 땅으로 이루어진다고 했다(계21:1, 2)

예수님은 자신의 십자가를 전쟁하는 것이라고 바로 말씀하시지는 않았지만 크리스천이 지는 십자가를 전투에 임하는 자세와 같다고 하신 것은 자신의 십자가가 바로 전쟁이란 의미로 볼 수 있다.

"누구든지 자기 십자가를 지고 나를 따르지 않는 자도 능히 내 제자가 되지 못하리라 너희 중의 누가 망대를 세우고자 할진대 자기의 가진 것이 준공하기까지에 족할는지 먼저 앉아 그 비용을 계산하지 아니하겠느냐 그렇게 아니하여 그 기초만 쌓고 능히 이루지 못하면 보는 자가 다 비웃어 이르되 이 사람이 공사를 시작하고 능히 이루지 못하였다 하리라 또 어떤 임금이 다른 임금과 싸우러 갈 때에 먼저 앉아 일만 명으로써 저 이만 명을 거느리고 오는 자를 대적할 수 있을까 헤아리지 아니하겠느냐 만일 못할 터이면 그가 아직 멀리 있을 때에 사신을 보내어 화친을 청할지니라 이와 같이 너희 중의 누구든지 자기의 모든 소유를 버리지 아니하면 능히 내 제자가 되지 못하리라" (눅14:27-33)

이것은 한국 전쟁에서 맥아더 장군의 서울 수복 작전을 상기시켜 준다. 물론 이것은 육적인 전쟁이지만 예수님의 십자가에 결부시키려면 이 말씀이 있다.

"내가 진실로 진실로 너희에게 이르노니 한 알의 밀이 땅에 떨어져 죽지 아니하면 한 알 그대로 있고 죽으면 많은 열매를 맺느니라 자기의 생명을 사랑하는 자는 잃어버릴 것이요 이

세상에서 자기의 생명을 미워하는 자는 영생하도록 보전하리
라"(요12:24, 25)

이 말씀은 바로 앞에 있는 말씀과 연결 시켜볼 때 예수님 자신
의 십자가를 말씀하신 것이 분명하고 바로 뒤에 있는 말씀과 연
결하면 우리들 크리스천도 예수님처럼 살라는 말씀이 된다. (요
12:25, 26).

예수님은 아담이 잃어버린 에덴을 회복하기 위하여 십자가를
지신 것이 분명하고 이것은 분명히 생명을 바치는 위대한 전쟁이
었다. 다시 그 뒤에 있는 말씀을 보자.

"지금 내 마음이 괴로우니 무슨 말을 하리요 아버지여 나를
구원하여 이 때를 면하게 하여 주옵소서 그러나 내가 이를 위
하여 이 때에 왔나이다 아버지여, 아버지의 이름을 영광스럽
게 하옵소서 하시니 이에 하늘에서 소리가 나서 이르되 내가
이미 영광스럽게 하였고 또다시 영광스럽게 하리라 하시니
곁에 서서 들은 무리는 천둥이 울었다고도 하며 또 어떤 이들
은 천사가 그에게 말하였다고도 하니 예수께서 대답하여 이
르시되 이 소리가 난 것은 나를 위한 것이 아니요 너희를 위한
것이니라 이제 이 세상에 대한 심판이 이르렀으니 이 세상의

임금이 쫓겨나리라 내가 땅에서 들리면 모든 사람을 내게로
이끌겠노라 하시니 이렇게 말씀하심은 자기가 어떠한 죽음으
로 죽을 것을 보이심이러라"(요12:27-33)

이렇게 말씀을 그 줄거리를 따라 자세히 읽어보면 주님의 지신
그 십자가는 에덴을 회복하기 위한 치열한 전쟁에 주님 자신을 던
지신 전쟁이다.
　여기서 장면을 달리하여 겟세마네 동산에서 기도하신 주님을
보자.

"그는 육체에 계실 때에 자기를 죽음에서 능히 구원하실 이에
게 심한 통곡과 눈물로 간구와 소원을 올렸고 그의 경건하심
으로 말미암아 들으심을 얻었느니라" (히5:7)

주님을 생각하면 이런 생각이 든다. 아무 잘못도 없는 아들을 발
가벗겨서 나무에 매달아 놓고 피가 흐르도록 매질을 하여 죽일 때
살려 달라고 살려 달라고 부르짖어도 못들은 척하고 때려서 죽이
는 무정한 아버지. 죄를 알지도 못하시는 주님이(고후5:21) 이런 매
를 맞았으니 마음의 고통, 육신의 고통이 얼마나 심했으랴.
　예수님은 물론 아셨다. 자신의 죄 때문에 십자가에 달리신 것이

　　　　　　　　　　　　　　　　　　추억을 먹고 산다

아니란 것을, 그리고 죽어도 다시 살 것도 아셨다. 그러나 그 고통이 얼마나 심했으랴.

이 말씀이 또 다른 곳에도 있다.

> "그가 찔림은 우리의 허물 때문이요 그가 상함은 우리의 죄악
> 때문이라 그가 징계를 받으므로 우리는 평화를 누리고 그가
> 채찍에 맞으므로 우리는 나음을 받았도다 우리는 다 양 같아
> 서 그릇 행하여 각기 제 길로 갔거늘 여호와께서는 우리 모두
> 의 죄악을 그에게 담당시키셨도다 그가 곤욕을 당하여 괴로
> 울 때에도 그의 입을 열지 아니하였음이여 마치 도수장으로
> 끌려 가는 어린 양과 털 깎는 자 앞에서 잠잠한 양 같이 그의
> 입을 열지 아니하였도다"(사53:5-7)

하나님의 사랑은 말로 다 표현할 수가 없다. 아담이 범죄치 않고 거기서 그 자손이 번성하여 살았다고 하면 얼마나 좋았겠느냐. 그 추억을 회복하실려고 마지막 아담을 말로 다 할 수 없는 고통을 받게 하셔서 회복하게 하신 하나님의 공의가 나타나있다.

> "아버지여 창세 전에 내가 아버지와 함께 가졌던 영화로써 지
> 금도 아버지와 함께 나를 영화롭게 하옵소서"(요17:5)

예수님께도 그 옛날 그 영화의 추억을 회복하시는 일이 목숨을 거는 일로 해서 이루어진다는 말씀이다.

우리들 크리스천이 새 에덴, 곧 신천신지에 들어간다는 기쁜 소망을 가지고 살고 있지만 이러한 소망을 가지도록 하신 예수님의 희생과 사랑은 말로 다 할 수가 없다.

잠깐! 나는 가면 갈수록 옛날의 추억, 충성되이 살지 못했던 것, 하나님의 추억 회복에 대한 열망, 예수님의 추억 회복에 대한 희생, 이런 것을 가르치지 못한 것이 부끄럽다.

유대인들은 예수님을 십자가에 못 박는 것으로 자기들이 승리한 줄로 알았고 예수님을 패배자로 알았으나 그것이 아니었다. 주님이 십자가에서 돌아가신 그 때.

"무덤들이 열리며 자던 성도의 몸이 많이 일어나되 예수의 부활 후에 그들이 무덤에서 나와서 거룩한 성에 들어가 많은 사람에게 보이니라"(마27:52, 53)

여기 나오는 성도는 물론 구약의 성도들이요 이는 예수님의 승리를 말한다. 예수님은 이렇게 승리하실 것을 미리 다 알고 계셨지만 십자가의 고통이 너무 심하여 아버지에게 살려 달라고 애원하셨다.(요10:18)

예수님의 에덴 회복을 위한 전쟁은 그때 이미 끝이 났다. 예수님께는 이 전쟁이 33년간 계속된 것이었다.

> "내가 불을 땅에 던지러 왔노니 이 불이 이미 붙었으면 내가
> 무엇을 원하리요 나는 받을 세례가 있으니 그것이 이루어지
> 기까지 나의 답답함이 어떠하겠느냐" (눅12:49, 50)

아담이 잃어버린 그 에덴을 회복하는 전쟁에 예수님은 피를 흘리셨다.

> "믿음의 주요 또 온전하게 하시는 이인 예수를 바라보자 그는
> 그 앞에 있는 기쁨을 위하여 십자가를 참으사 부끄러움을 개의
> 치 아니하시더니 하나님 보좌 우편에 앉으셨느니라" (히12:2)

다시 계속되는 말씀에는 "너희가 죄와 싸우되 아직 피흘리기까지는 대항하지 아니하고"(히12:4) 크리스천은 피흘리기까지 죄를 대항하지 않고 있으나 우리를 대신해서 싸우시는 분은 예수님이셨다. 그는 이미 이기셨다. 에덴을 도로 찾는 것이 이렇게 어려운 것이다. 그 어려운 문제를 예수님이 하셨다. 또 다른 곳에 있는 말씀을 보자.

"오직 우리가 천사들보다 잠시 동안 못하게 하심을 입은 자 곧 죽음의 고난 받으심으로 말미암아 영광과 존귀로 관을 쓰신 예수를 보니 이를 행하심은 하나님의 은혜로 말미암아 모든 사람을 위하여 죽음을 맛보려 하심이라" (히2:9).

예수님이 크리스천을 위하여 죽음을 맛보신 고통을 대신 당하셨기 때문에 우리는 죽음 없이 잠들게 된다. 물론 주님을 향한 신앙 때문에 죽임을 당하는 사람들이 있다.

잠깐! 나는 순교자란 말을 쓰기를 싫어한다. 예수님을 믿는 것이 기독교도 아니요 하나의 교가 아니기에 역시 순교도 아니다.

다음에는 죽기를 무서워하여 일생에 매여 죽음의 종이 된 사람들을 해방시키셨다고 한다.(히2:15) 이유는 간단하다. 부활을 안 믿으니 죽음이 두려운 것이다. 그래서 주님이 그 무서운 십자가를 우리 대신 지셨고 그 다음 부활하셨기에 우리에겐 이 말씀대로 되는 것이다.

"예수께서 이르시되 나는 부활이요 생명이니 나를 믿는 자는 죽어도 살겠고 무릇 살아서 나를 믿는 자는 영원히 죽지 아니하리니 이것을 네가 믿느냐"(요11:25, 26)

그래서 우리는 죽는 것이 아니고 잠드는 것이다(요11:11).

아담이 지은 죄 때문에 죽음이 왔다. 예수님이 죽음을 맛보신 것은 죄를 이기는 전쟁이었고 죄를 이기는 방법이었다. 우리 중에 죄 없는 사람은 아무도 없다. 그러나 우리 모두가 피를 흘리며 죄와 싸우지 않아도 된다. 예수님이 대신 싸워서 승리하셨기 때문이다(마27:52, 53).

우리에게 죽음에 대한 두려움이 없다면 아무것도 두려울 것이 없다. 너무 일찍 간다는 것이 아내를 두고, 남편을 두고, 부모님, 형을 두고 먼저 간다는 것이 괴로울 수 밖에 없다. 그러나 궁극적으로 가야 된다는 처지가 될 때는 두려워하지 말고 가야 되고, 즐겁게 가야 한다.

왜? 죽음이 아니고 잠드는 것이니까.

잠깐! 안중근 의사의 말이 떠오른다. 見利思義 見危授命(견리사의 견위수명) 이익이 되는 것을 보거든 목숨을 주라. 나는 이분이 예수님의 제자인 줄로 안다. 그래서 죽기를 무서워하지 않았다. 누가 말하기를 (안중근) 크리스천이 이렇게 살인을? 이에 대한 대답은 그는 전쟁터에 나간 병사였다. 당시 일본은 대한민국을 침략해 오고 있었고 그는 적군을 물리칠 이유가 있었다.

죽음을 무서워하면 우리 대신 죽음을 맛보신 주님께 대한 예의가 아니다. 죽음의 종이 되어 있는 우리를 해방 시키시느라 십자가를 지신 주님께 예의가 아니다.

주님이 또 싸워서 이긴 것이 있다.

예수님이 복음을 전파하기 시작하시면서 광야로 나가셔서 마귀에게 시험을 받으시기 전에 40일을 금식 하신 후에 배가 심히 고프신 때에 시험하는 자가 왔다.

"시험하는 자가 예수께 나아와서 이르되 네가 만일 하나님의 아들이어든 명하여 이 돌들로 떡덩이가 되게 하라"(마4:3)

예수님은 "사람이 떡으로만 살 것이 아니요 하나님의 입으로 부터 나오는 모든 말씀으로 살 것이라" 하셔서 시험을 이기셨다(마4:4; 신8:3 인용).

이 시험은 총과 칼을 들이대는 것에 비하면 아무것도 아닌 것 같으나 배고픈 사람에게는 가장 무서운 비수와 같은 것이다. 중요한 것은 첫 사람 아담이 넘어진 것 역시 먹는 문제였다. 선악과, 당시 아담은 배가 고픈 상태도 아니었으나 그 시험에 넘어졌다.

이 시험에서 하나님의 말씀으로 승리하신 것을 보라. 아담은 뱀(마귀)의 말에 넘어졌다는 것을 대조해 보면 역시 예수님은 육신의 감각적인 욕구대로 사는 분이 아니었다는 것.

먹는 문제는 모든 욕심을 대표하는 것이다. 그러나 이 욕망은 가

추억을 먹고 산다

장 저급한 욕망이다. 예수님이 40일 금식하셔도 생명에는 지장이 없었다. 그러나 아담은 배고픈 것도 아닌데도 먹음직하고 볼만하고 먹음직한 맛있어 보이는 것 때문에 또 지혜롭게 할만 하다고 해서 따먹었다.

특히 지혜란 보기 좋은 것이 아니다. 이것은 사람의 정신적인 판단력이라서 볼 수 없는 것인데도 보기에 지혜로울 것 같다. 그것을 먹으면 지혜로울 것 같다는 것은 비상식적이다. 역시 시험에 들어서 눈이 뒤집힌 것이다.

이렇게도 극히 감각적이고 시각적인 시험으로 망하게 된 아담이라서 그의 후손 모두는 감각적인 사람이 되고 말았다. 그래서 사람이 무슨 중대한 문제, 곧 철학적인 심오한 일도 아니요, 당장 목숨이 위태한 문제도 아닌 것, 먹고 싶은데 못 먹게 된다고, 보고 싶은데 못 보게 한다고, 기타 무슨 작은 문제라도 기분이 상하면 자신을 죽이는 자살도 쉽게 하고 남을 쏴 죽이기도 잘하는 세상이다.

한 때 4S 곧 Sports, Speed, Screen, Sex가 시대를 사로 잡는다고 했으나 지금은 오직 SNS 여기에 집중하고 있다. 사람들은 노소 불문하고 Smart phone 없으면 못사는 줄로 아는 시대가 되었다. 거기에는 눈으로 보는 것만으로도 거의 세상 모든 것을 알아볼 수 있다.

예수님이 모든 시험을 이기시고 십자가로 승리하신 것은 역시 하나님의 말씀이었다. 무서운 마귀와의 전쟁에서 승리하신 주님을 따라 우리도 오직 말씀으로 승리해야 한다.

잠깐! 내가 한 때 교회를 개척하느라고 한 푼이 어려웠을 때 나를 따라다니던 내 딸이 시장 골목을 지나다가 "아빠, 난 저것이 먹고 싶은데" 하던 말을 못들은 척 해 버렸던 것 지금도 마음을 짠하게 한다.

> "이는 세상에 있는 모든 것이 육신의 정욕과 안목의 정욕과 이생의 자랑이니 다 아버지께로부터 온 것이 아니요 세상으로부터 온 것이라 이 세상도, 그 정욕도 지나가되 오직 하나님의 뜻을 행하는 자는 영원히 거하느니라"(요일 2:16-17).

사람을 움직이는 것이 감정 혹은 감각 혹은 좀 더 자세히 말하면 오감 즉 시각, 청각, 후각, 촉각, 미각 등으로 구분할 수가 있다. 이런 것은 짐승들도 가지고 있는 것인데 이런 것의 지배를 받는 인간이 되었다는 것은 인간의 타락이 그런 수준의 시험에 넘어졌기 때문이다. 인간이기에 좀 더 고상하게 표현을 하면 지·정·의(知·情·意)가 되는데, 인간의 세 가지 정신적 요소라고 할 수 있다. 이 세 가지 중에서는 사람을 끌고 가는 것이 정(情)이다. 자동차로 예를 든다면 지(知)는 운전자의 두뇌요, 의(意)는 가는 목표요, 정(情)은

추억을 먹고 산다

동력 곧, 휘발유다.

그런데 차가 움직이는 동력은 사람이 주입하는 것이긴 하나 이 동력이 없으면 움직이지 못하니 중요한 것이다. 사람이 감정이 상하면 힘이 빠진다. 사람이 감각적인 곧 정적으로 타락되었기 때문에 그러하다. 사업상 어려운 문제도 서로 한 잔 하고나면 일이 술술 풀어진다. 기분이 좋아지면 지적 의지적 매듭이 쉽게 풀리고 만다.

하나님이 주신 성품, 곧 오감이나 지정의이니 가지고 살 수 밖에 없다. 그것들을 주장하는 정(情)을 좀더 고상하게는 정서라고 하고, 이 정서적인 것을 다스리는 것을 예술이라고 해보자. 이것은 사람이니까 이렇게 발전을 시킨 것이요 이 예술의 경지에서 사람은 보다 수준 높은 즐거움을 맛보고 있다.

하여튼 오감이나 정서적인 면을 승화시킨 예술이라고 해도 이 예술을 잘 사용해서 예수 그리스도를 알고 찬양하는 데 사용한다면 유익하나 그렇지 못할 때는 하나님과는 더 멀어지고 인간의 향락으로 가고 만다.

예를 들어 음악, 미술, 영화, 연극 등에 종사하는 사람들이 모두 예수님을 잘 믿고 따르는 사람들이냐. 그렇지 않다. 오히려 그 예술에만 빠져서 살기 쉽다. 칼빈이 말한대로 예술은 죄인들이 위로 받으라고 주신 하나님의 선물, 그것으로 할 일을 다한다면 그 예술은 안 하는 것만 못하다. 크리스천도 예술을 한다. 그러나 거기에 빠져서 살지는 말아야 한다.

진정한 예술가는 하나님이신데, 다시 말하면 하나님이 인간을 흙으로 빚어 만드셨는데 그분을 멀리하고 오히려 인간을 찬양하고 인간이 그린 것, 인간이 만든 노래나 영화 연극에 미쳐 버리면 되겠는가. 하여튼 인간이 할 수 있는 예술 활동 좀 더 나아가 과학 기술까지도 에덴에서 쫓겨나가는 아담 하와에게 가죽 옷을 만들어 입혀 주신 하나님의 위로 정도 밖에 더 되겠는가.

이런 달콤한 위로를 뿌리치고 승리하신 주님이시다. 과학 예술 할 것 없이 사람이 하는 모든 것은 결국 먹고 살기 위한 하나의 방편이 다 거기서 좀 더 나아가 명예가 있고 영광이 있을지라도 이 것은 땅위에 머무는 동안의 작은 위로 밖에는 없다. 이것을 이기신 예수님의 방법을 따라서 승리해야 한다.

일보 더 나아가 외과의사도 예술가라면 예술가다. 그러나 하루 종일 그런 일을 하고 밤에는 기분 풀이 한다고 한잔 마셔야 되는 사람이 많다고 한다. 역시 떡으로만 아니고 하나님의 말씀으로 살아야 기분에 사로잡히지 않고 스트레스도 안 받고 건강하게 산다.

크리스천도 우울증에 걸리는 사람이 있다. 역시 말씀으로 살면 이긴다. 예술은 좋은 것이다. 사람을 기쁘고 즐겁게 한다. 거기에

추억을 먹고 산다

파묻혀 살면 좋은 것이다. 그러나 그것만을 위하여 산다면, 예수님 없이 그것만을 위하여 살면 그것을 못하게 되면 우울해진다.

예를 들어 화가가 손을 다쳐서 그림을 그리지 못하거나 가수가 성대를 상해서 노래를 부를 수 없다면 사는 재미가 없어 우울해진다. 심지어는 오늘에 와서도 이 마지막 때, 이 심각한 때도 교회에서까지 강단에서 말씀을 증거하는 데도 재미가 있어야 된다고 한다.

"세월을 아끼라 때가 악하니라, 그러므로 어리석은 자가 되지 말고 오직 주의 뜻이 무엇인가 이해하라, 술 취하지 말라 이는 방탕한 것이니 오직 성령으로 충만함을 받으라 시와 찬송과 신령한 노래들로 서로 화답하며 너희의 마음으로 주께 노래하며 찬송하며 범사에 우리 주 예수 그리스도의 이름으로 항상 아버지 하나님께 감사하며"(엡5:16-20)

물론 항상 기뻐하라고 했다(살전5:16). 그러나 지금은 그 기쁨이 보다 수준 높은 오순절 다락방의 기쁨 보다도 더 기쁨이 상승해야 한다.

성령님이 함께 하시는 기쁨, 주님이 오실 때가 임박한 이 때다. 연극 무대 같은 원맨쇼를 하는 그러한 기쁨이 아니다. 우스갯소리나 해서 즐기는 것이 아니다. 허탄한 이야기를 즐기는 것이 아니다 (딤후4:3, 4).

크리스천의 기쁨은 성령님이 함께 하시는 말씀 속의 기쁨이라야 한다. 여기에는 우울증 같은 것은 물러가고 만다. 잠깐! 나에게는 TV 같은 것도 없고 기타 예술성이 있고 즐기는 도구도 없다. 성경 찬송이면 된다. 누구 말마따나 미개인처럼 살고 있다. 이렇게 사는 것이 행복해야 한다.

삼년 전에 시작된 코로나라 부르는 괴질의 유행이 지금에야 조금 숨을 죽이는 것 같기도 하나 아직도 마음 놓고 유흥장 출입을 즐기지 못하니 우울증에 걸리는 사람이 많다. 만약에 이 질병이 더 오래 계속된다면 예술이고 뭐고 희망이 없다. 나홀로 즐길 수 있는 것은 아무것도 없다. 사람이 즐기는 모든 것에는 떡이 따라 다닌다. 떡을 위해서 모든 것이 있다. 그러나 떡으로만 아니고 하나님의 말씀으로 사느니라는 예수님의 무기로 모든 것을 극복해야 한다.

잠깐! 과거에 내가 섬기던 교회의 어느 권사는 60대 후반의 나이에도 계시록 전체를 암송했다. 그런 분에게는 치매니 우울증이니 하는 것은 깃들 틈이 없다. 예술도 건전한 것을 즐겨야지 자기 마음에 든다고 거기에만 빠지면 그것 없이 혼자 있으면 외롭고 우울해지고 만다. 크리스천이라도 교회에서 재미있게만 가르치면 집

추억을 먹고 산다

에 와서 혼자 있으면 우울해진다. 찬양하고 박수치고 강단에서도 재미있게 원맨쇼나 하면 교회에 안나가는 날에는 허전하고 외롭고 우울해진다.

예수님이 추억을 회복하시고, 하나님도 아담과의 추억을 회복하시기 위한 전쟁에 예수님이 담대하게 나서서 싸우신 것을 성경은 또 이렇게 말하고 있다.

> "믿음의 주요 또 온전하게 하시는 이인 예수를 바라보자 그는 그 앞에 있는 기쁨을 위하여 십자가를 참으사 부끄러움을 개의치 아니하시더니 하나님 보좌 우편에 앉으셨느니라, 너희가 피곤하여 낙심하지 않기 위하여 죄인들이 이같이 자기에게 거역한 일을 참으신 이를 생각하라"(히12:2, 3)

크리스천 모두도 어떻게 하여 예수님을 믿었고 또 지금까지 예수님을 믿고 살아 온 발자취를 돌아보는 추억 때문에 예수님 따라가기가 어려워도 이길 수가 있다. 역시 예수님을 생각함으로 이긴다. 예수님도 지금쯤엔 하늘 나라 왕궁에 계시면서 옛날을 추억하고 계실까. 확실히 그러하다. 그가 땅위에 계실 때 창세 전에 아버지와 함께 하셨던 영광을 다시 말씀하셨던 것을 보라.

"아버지여 내게 주신 자도 나 있는 곳에 나와 함께 있어 아버지께서 창세 전부터 나를 사랑하시므로 내게 주신 나의 영광을 그들로 보게 하시기를 원하옵나이다" (요17:24).

예수님도 하늘 나라에 계시면서 땅위에 계실 때 제자들을 데리고 다니면서 겪으신 일들을 추억하시면서 제자들과 얘기하고 계실 것이다.

"베드로가 예수께 여쭈어 이르되 주여 우리가 여기 있는 것이 좋사오니 만일 주께서 원하시면 내가 여기서 초막 셋을 짓되 하나는 주님을 위하여, 하나는 모세를 위하여, 하나는 엘리야를 위하여 하리이다"(마17:4)

여기서 엘리야는 산채로 승천했으니 언급할 필요가 없으나 모세는 지상에서 죽었는데 여기 나타난 것, 우리도 육신이 잠들고 영이 주께로 가면 때로는 저렇게 나타날 수도 있게 하시는 것은 하나님의 뜻이다. 하여튼 이런 추억을 이야기 하실 것이다. 이런 주님의 추억담은 많이 또 많이 있을 것이다(참고 요21:25)

"예수께서 이르시되 여우도 굴이 있고 공중의 새도 집이 있으되 인자는 머리 둘 곳이 없도다"(눅9:58).

추억을 먹고 산다

예수님이 복음을 전하고 다니셨을 때는 이렇게 사셨으니 그야말로 노숙자이셨다. 이렇게 사셨던 추억을 회상하고 계실 주님을 생각하면서 크리스천은 주님을 위하여 살아간 다음에 이 땅위에서 좋은 추억을 되새기고 살아가야 할 것이다. 크리스천이 이 세상에 살면서 산전수전을 다 겪고 공중전까지 경험하면서 산다고 해도 예수님의 고난에는 비교할 수가 없으니 늘 감사하면서 살아야 한다.

성경에 나타난 인물들 몇이 추억으로 살아간 자취를 앞에서 기록 했거니와 성경은 66권 모두가 그것을 기록한 사람들의 추억을 말한 것이요 그들은 그 추억을 먹고 살다가 갔다. 여기에 몇 사람 더 그들이 추억하고 살았던 것을 기록해 보고자 한다.

1. 베드로의 추억

"내가 이 장막에 있을 동안에 너희를 일깨워 생각나게 함이 옳은 줄로 여기노니 이는 우리 주 예수 그리스도께서 내게 지시하신 것 같이 나도 나의 장막을 벗어날 것이 임박한 줄을 앎이라 내가 힘써 너희로 하여금 내가 떠난 후에라도 어느 때나 이런 것을 생각나게 하려 하노라 우리 주 예수 그리스도의 능력과 강림하심을 너희에게 알게 한 것이 교묘히 만든 이야기를 따른 것이 아니요 우리는 그의 크신 위엄을 친히 본 자라 지극히 큰 영광 중에서 이러한 소리가 그에게 나기를 이는 내 사랑하는 아들이요 내 기뻐하는 자라 하실 때에 그가 하나님 아버지께 존귀와 영광을 받으셨느니라 이 소리는 우리가 그와 함께 거룩한 산에 있을 때에 하늘로부터 난 것을 들은 것이라"(벧후1:13-18)

앞에서 예수님이 추억하고 계실 것이라고 이 부분을 잠깐 이야기 한 바가 있거니와 베드로가 모든 크리스천에게 다시 상기 시켜주고 있다. 마치 베드로는 지금 우리 옆에서 이야기 하는 것과 같이 느껴진다.

이와 같이 성경은 여러 세대, 수천 년을 지나면서도 앞서 가서 하늘에 있는 성도들과 뒤에 남아 있는 성도들이 서로 생생한 추억담을 나누게 하는 생명력이 있다.

베드로는 예수님과의 추억이 특별했을 것이다.

"베드로가 예수를 붙들고 항변하여 이르되 주여 그리 마옵소서 이 일이 결코 주께 미치지 아니하리이다 예수께서 돌이키시며 베드로에게 이르시되 사탄아 내 뒤로 물러 가라 너는 나를 넘어

지게 하는 자로다 네가 하나님의 일을 생각하지 아니하고 도리

어 사람의 일을 생각하는도다 하시고"(마16:22, 23)

이것이 얼마나 무서운 책망인가. 사랑하는 주님이 두 번 다시 보기도 싫다는 듯 사탄아 물러가라고 하셨다. 절대 다수의 사람들이 이 말씀을 글자 그대로 받아들이고 있으나 나는 그렇게 생각하지 아니한다. 사탄의 행위를 하지 말라 쯤으로 받아야 할 것이다. 얼마 전에 베드로의 신앙 고백 위에 주님의 교회를 세우겠다고 하셨고(마16:18) 또 베드로에게 천국 열쇠를 주리라. 곧 사도의 직을 행사하는 것으로 교회에서 하는 권징권을 주시겠다고 하셨는데, 사탄이 되면 어찌 되겠는가.

특별히 명심해야 할 일은 사탄이 회개한 적이 있는가. 베드로는 주를 위하여 목숨을 바쳐 헌신한 사람이다. 베드로는 하늘나라에 가기까지 이런 사건들은 결코 잊지 않았을 것이다. 인간의 애정 때문에 사탄이 좋아서 춤을 출 수 있는 일을 저질렀기 때문이다. 베드로의 말에 주님이 십자가를 포기하셨다면 그러하다는 말이다.

크리스천의 일생에 실수도 많고 그러다가 잘한 것도 있겠지만 그 추억이 좋은 것으로 가득 차 있게 해야 하늘나라에 가기까지 행복할 것이다. 하늘에 가서는 나쁜 추억 같은 것은 없을 것이다.

잠깐! 어떤 사람은 하늘나라에 가면 받는 상급에 차이가 없다

고? 그렇게 되면 행복하지 않다고? 아니다. 거기 가서는 그래도 행복한 것이 하늘나라다. 거기에는 타인과 비교해서 시기, 질투, 열등의식, 교만 같은 것이 없다, 있으면 있는 대로 없으면 없는 대로 만족하고 감사하며 사는 무죄 세계이다.

> "항상 기뻐하고 쉬지 말고 기도하고 범사에 감사하고 범사에 헤아려 좋은 것을 취하고 악은 모든 모양이라도 버리라"(참조; 살전5:16-20)

이렇게 사는 것이 하나님의 뜻이니 그 곳에 가면 이렇게 된다.

> "시몬 베드로가 이르되 주여 내 발뿐 아니라 손과 머리도 씻어 주옵소서"(요13:9).

예수님이 제자들의 발을 씻어 주실 때 베드로가 너무 황송해서 거절하니 그렇게 되면 네가 나와 상관이 없느니라고 하실 때 베드로가 드린 말씀이다. 세상에 어느 종교의 교주가 이렇게 했는가, 어느 스승이 이랬던가. 만왕의 왕이요, 만주의 주께서 제자들의 발을 씻어 주신 그 섬김, 그 봉사의 모범 이것이 예수님이 제자들에게 하신 것이다.

오늘날도 가끔은 이런 형식을 행하는 교회가 있으나 참으로 귀

추억을 먹고 산다

한 것은 사람 인격의 변화요, 마음 자세일 것이다. 베드로는 세상에서 주의 일을 하는 동안 이 일을 추억하며 살았으리라. 그리고 이 사실을 기록한 요한도 그랬으리라.

"그들이 조반 먹은 후에 예수께서 시몬 베드로에게 이르시되 요한의 아들 시몬아 네가 이 사람들보다 나를 사랑하느냐 하시니 이르되 주님 그러하나이다 내가 주님을 사랑하는 줄 주님께서 아시나이다 이르시되 내 어린 양을 먹이라 하시고 또 두 번째 이르시되 요한의 아들 시몬아 네가 나를 사랑하느냐 하시니 이르되 주님 그러하나이다 내가 주님을 사랑하는 줄 주님께서 아시나이다 이르시되 내 양을 치라 하시고 세 번째 이르시되 요한의 아들 시몬아 네가 나를 사랑하느냐 하시니 주께서 세 번째 네가 나를 사랑하느냐 하시므로 베드로가 근심하여 이르되 주님 모든 것을 아시오매 내가 주님을 사랑하는 줄을 주님께서 아시나이다 예수께서 이르시되 내 양을 먹이라"(요21:15-17).

예수님이 부활하신 후에 세 번째로 제자들에게 나타나신 때에 있었던 일이다. 3년 전 예수님이 제자들을 부르신 후 이 바다에서 고기를 잡지 못하고 있을 때 깊은 데로 가서 그물을 던지라고 하셨다. 그대로 했더니 고기를 많이 잡게 되었다. 이번에는 같은 곳에서 밤새도록 고기를 잡으려 해도 잡지 못하고 있었을 때 예수님이 그물을 배 오른편에 던지라 하셔서 순종했더니 그물 가득히 잡혔다.

바닷가에 서 계셨던 주님을 알아 보지도 못하고 말을 듣고 순종하여 고기를 잡은 후에 요한이 예수님이라고 하기에 베드로가 옷을 입고 바다로 뛰어 내렸던 일. 예수님은 숯불에 생선을 구워 놓고, 떡도 준비해 두셨던 일, 떡과 생선을 제자들에게 가져다 주시기까지 하셨던 그 주님의 모습이 평생 제자들에게는 잊혀지지 않은 추억이었을 것이다. 그때 그 주님의 모습은 인자한 엄마의 모습이었다.

식후에 세 번이나 베드로에게 네가 이 사람들 보다 나를 더 사랑하느냐 하신 것은 베드로가 전에 세 번이나 주를 부인한 사실을 상기시켜 주는(마26:69-75) 말씀으로 깨닫게 되어 근심하기까지 한 사연(요2:17)은 평생의 추억이 되었을 것이다.

예수님은 그 누구에게도 과거에 있었던 잘못을 다시 책망하시지 않았다. 우리들과 얼마나 다르냐. 과거의 잘못을 주님께 용서를 빌지 않았어도 그러하셨다. 우리는 살아 가면서 상대방이 거듭 실수를 하면 그냥 있지 못한다.

잠깐! 여기서 베드로가 저주하며 맹세하기를 "내가 그 사람을 알지 못하노라"(마26:14) 이것은 베드로가 예수님을 저주했다고 보는 것이 일반적인 견해인데 그런 것이 아니고 내가 그를 알면서 모른다고 하면 내가 저주를 받을지언정 나는 그를 모른다는 것이다.(참고: New American standard Bible) 그러니 베드로를 너무 나쁜 사람으로 몰아 세우지 말아야 한다.

예수님이 책망 대신에 사랑하느냐 물어보신 것이 얼마나 더 감동적이요 책망보다 더 따끔하냐. 예수님 같은 분은 천하 어디서도 만나 볼 수 없는 것이다. 베드로는 주님의 사랑을 다짐하신 말씀이 평생 귀에 쟁쟁했을 것이고, 일보 더 나아가 베드로가 주님을 위해 십자가를 질 것을 말씀하신 것도 커다란 추억일 것이다(요21:18,19). 뿐만 아니라 베드로는 실재로 십자가에 달렸다고 역사는 전한다.(참고: 쿼바디스 영화) 십자가에 거꾸로 달렸다고 전해지고 있다.

잠깐! 나는 순교란 말을 사용하지 말라고 하고 싶다. 다른 종교는 순교가 타당할지 모르나 크리스천은 순교, 곧 교를 위해 죽는 것이 아니다. 베드로는 "내가 주와 함께 옥에도, 죽는 데에도 가기를 각오하였나이다"(눅22:33) 해 놓고 세 번이나 부인하였으니 주님의 사랑 다짐을 듣고 어떠했겠느냐.

다른 종교는 교를 위한 죽음이다. 그러니 순교다. 그러나 크리스천은 아니다. 크리스천도 순교라고 하니 다른 종교와 같은 줄로 알고 같이 취급해 버리고 그쪽에서 이쪽으로 올려고 하지 않는다.

여기서 다시 기억되는 말씀이 있다. 예수님이 겟세마네 동산에서 기도하신 후 나오시다가 가룟 유다가 예수님께 입을 맞추고, 대제사장이 보낸 무리가 예수님을 잡아 끌고 대제사장의 집으로 가서 심문을 할려고 할 때였다. 베드로가 멀찍이 따라가서 불을 피우고 앉아 있는 사람들 중에 앉아 있는데 이 사람 저 사람이 베드로가 예수님과 같은 당이라고 지적한다. 베드로는 아니라고 세 번이나 부인하고 나니 곧 닭이 울었고, 그 때 또 예수님이 돌이켜 베드로를 보셨다. 베드로는 조금 더 앞서 예수님이 오늘 닭 울기 전에 네가 세 번 부인하리라 하신 말씀이 생각나서 밖에 나가서 심히 통곡을 했다는 말씀이다(눅22:54-62).

예수님이 돌아보시고 계실 그 때 그 순간 베드로의 마음이 어떠했겠는가. 돌아보셨다는 것은 버리지 아니하셨다는 뜻이다. 베드로가 밖에 나가서 심히 통곡했다는 것. 베드로의 이 추억은 평생을 따라 다녔을 것이다.

> 예수 나를 오라하네 예수 나를 오라 하네
> 주가 오신 은혜 내려 나를 항상 돌아보고
> 많은 영광 보여 주며 나와 함께 함께 가시네

예수님이 택하신 백성은 언제 어디서나 지켜보시고 버리지 아니 하신다는 것 우리를 다시 한번 더 울리는 말씀이다.

예수님의 제자들은 거의 모두가 예수님과 같이 다녔으나 예수님이 마지막으로 끌려 다니실 때 물론 제자는 모두가 다 따라가지 못했다. 베드로 마저도 예수님을 세 번이나 모른다고 하고 결국 도망을 치고 말았다.

2. 요한의 추억

요한은 예수님의 마지막 십자가를 지고 가시는 길과 십자가에서 운명하셨던 때까지 따라 다녔다. 요한은 대제사장과 아는 사이라고 했으니(요18:15) 그를 위협하는 사람이 없어서 그랬는지는 모르나 예수님을 따라 다니면서 애간장이 녹아 내리는 마음 고통이 있었을 것이다. 베드로는 몸이 빠른 사람이었고(요20:5, 6; 21:7) 요한은 생각이 빠르고 속이 깊은 사람이었다.(복음서 서신 참조)

복음서 넷을 보면 요한복음은 사건도 신중하게 다루고 있지만 신앙생활의 요지를 다 말하고 있어 성경 66권 가운데서 한 권을 선정하라고 하면 단연코 요한복음이다.

요한복음에는 예수님이 하나님이심과(요1:1-3), 거듭나는 도리(요3:3, 5), 부활에 관하여(요11:25, 26), 삼위일체의 교제(요14:20), 성도와 성령님과의 교제(요14:16, 17), 사랑(아가페)의 중요성 등(요 15:10), 굵직 굵직한 문제들을 잘 가르치고 있다.

특히 중요한 문제 중 하나인 선택의 교리도(요15:16) 있다. 요한이 가진 추억 가운데 가장 송구스럽고 부끄러운 추억이 있다면 그의 형 야고보와 그의 어머니까지 예수님께 찾아 가서 주의 나라에서 그들 형제가 주의 좌우편에 앉게 해 달라고 한 것일 것이다(마 20:20-22). 당시에는 제대로 알지 못하고 그런 외람된 말을 하고 예수님이 십자가를 지고 가신 걸음을 따라 가려 했으니 얼마나 부끄러우랴.

요한은 스스로 생각하기를 예수님께 가장 사랑 받는 제자라 했으니 예수님이 새로 세우시는 나라에서 우리식으로 정승자리 쯤은 얻어 놓았다고 생각했을 것이고 그렇다 보니 그런 말씀을 드리게까지 되었으리라. 그러나 바로 알고보니 부끄러웠을 것이고 이런 부끄러운 추억을 갖고 평생 살았으리라.

여기 또 요한이 부끄러워할 추억이 있다. 예수님이 승천하실 기약이 가까와 질 때에 예루살렘으로 올라 가시는 길에 사마리아인의 한 촌에서 예수님을 영접하지 아니하여 야고보와 요한이 이를 보고 "주여 우리가 하늘에서 불이 내려 저들을 멸하라 할까요" 하니 예수님은 꾸짖으셨다.(눅9:51-55)

주님은 죄인을 구원하러 오신 분인데 그들을 위하여 목숨을 주려고 오셨는데, 추억하면서 자신은 어리석었다고 부끄러워 했을 것이다. 그러나 요한은 큰 은혜를 받은 사람이다. 바울은 삼층천에 올라간 추억을 갖고 있으나 요한은 계시록을 썼다. 바울이나 요한 모두 행복한 사람이다. 평생 그들의 추억이 그들을 행복하게 했으리라.

요한도 다른 제자들처럼 예수님을 따라 이곳 저곳을 다녔던 추억을 갖고 있으나 가장 심각한 추억은 물론 예수님을 따라간 골고다의 길이었으리라.

주님 가신 길 십자가의 길 외롭고 무거웠던 길
골고다의 길 거친 언덕길 피곤하신 주님의 음성

주님 머리에 가시 면류관 허리에는 굵은 창자국
손과 발목에 못을 박히신 상처 받은 주님의 모습

마르는 눈물 타는 목마름 피로 찌든 십자가 위에
하늘을 향해 기도하시는 버림 받은 주님의 영혼

(후렴) 오 나의 주님 용서하소서 죄인 위해 고난 받으셨네
이 세상에 생명 주시길 그렇게도 원하셨던 길

요한이 경험한 추억이 이래서 그는 평생 사랑만 외치다가 갔다. 요3:16을 필두로 해서 오직 사랑, 아가페 사랑 이것을 외쳤다. 하나님은 사랑이요(요일4:8, 16). 이 사랑 때문에 예수님이 오셨고 그래서 구원 받은 크리스천은 사랑으로 살아야 한다(요일4:11, 12). 요한은 밧모섬 귀양살이를 하면서도 계시록을 다 경험했다.

"나 요한은 너희 형제요 예수의 환난과 나라와 참음에 동참하 는 자라 하나님의 말씀과 예수를 증언하였음으로 말미암아 밧모라 하는 섬에 있었더니"(계1:9)

잠깐! 여기서 짚고 넘어가야 할 것이 있다. 예수님 증거, 복음 증거, 성경 증거, 말씀 증거라고 해야지. 설교가 아니고, 선교도 아니고, 전도요. 선교사가 아니고, 전도자다(행21:8).

다시 잠깐! 우리는 잠이 오지 않을 때는 지난 날 이 사람 저 사람을 만났던 추억들에 잠기기가 쉽다. 그런데 요한 같으면 어떨까. 예수님과 다니던 추억에서 밧모섬에서 본 계시록의 추억까지 영화를 상영하듯 모두가 주의 복음을 위한 추억들이 얼마나 훌륭할까. 이렇게 살다간 추억들을 가지고 있는 사람들은 행복할 것이다.

베드로는 장차 예수님을 위하여, 복음을 위하여 십자가에 달려서 죽을 것이라고 예수님이 미리 말씀하셨을 때 베드로는 그 뒤를 따라오는 요한을 보고 "주여 이 사람은 어떻게 되겠습니까?"했다.

> 예수님이 "내가 올 때까지 그를 머물게 할지라도 네게 무슨
> 상관이냐 너는 나를 따르라"고 하셨다.(요21:19-22)

과연 그렇게 되었다. 요한은 계시록을 기록하기까지 장수하다가 갔다. 요한이 오래 살면서 보고 듣고 경험한 모든 것은 정말로 훌륭한 추억들이었다.

내가 자주 이야기 하는 한 사람이 있다. 과거에 내가 섬기던 교회의 박귀임 권사 그분은 60대 후반에 계시록 전체를 암송했는데, 그는 계시록 한 페이지 한 페이지를 암송하면서 새로 펼쳐지는 한 장면 한 장면이 참으로 놀랍다고 했다. 그의 평생에도 얼마나 큰 추억이 되었으랴.

3. 바울의 추억

바울의 추억에는 사도행전 9장에서 부터 마지막 28장까지, 그 다음 그가 기록한 모든 서신들에 모두 바울의 자취가 있고, 숨소리가 담긴 추억들이다. 그러면서 그의 추억들은 모두가 고난의 연속

이었고 그 모든 고난이란 것도 모두가 자신이 먹고 살기 위한 고생이란 없고 오직 예수님을 위한, 복음을 위한 것 밖에는 없었다.

잠깐! 나는 어떻게 살아 왔던가. 바울 그가 그 누구를 위한 것도 없고 오직 예수님만 위하여 살았다는 것. 그것도 예수님을 영접한 이후의 일생 정말 놀랍다.

"땅에 엎드러져 들으매 소리가 있어 이르시되 사울아 사울아

네가 어찌하여 나를 박해하느냐"(행9:4)

바울에게는 평생 이 말씀이 귀에 쟁쟁하였으리라. 바울이 살기가 등등하여 주의 제자들을 잡으러 다닐 때 예수님이 홀연히 나타나셔서 하셨던 말씀이다. 스데반을 돌로 쳐 죽이는 유대인들의 곁에서 그 모양을 보기도 했고(행7:58) 주님의 교회를 없애 버리려고 성도들을 끌어다가 옥에 넣는 일을 자행했으니 예수님을 핍박을 해도 보통으로 한게 아니었다 (행26:9-11). 바울은 한창 예수님과 제자들이 이곳 저곳을 다니며 복음을 전하셨을 때 무엇을 하다가 이렇게 나타나서 교회를 박해했던지 하나님이 때가 되어 부르신 것이겠지만 이상하다면 이상하다.

"형제들아 우리가 아시아에서 당한 환난을 너희가 모르기를

　　　　　　　　　　　　추억을 먹고 산다

원하지 아니하노니 힘에 겹도록 심한 고난을 당하여 살 소망까지 끊어지고, 우리는 우리 자신이 사형 선고를 받은 줄 알았으니 이는 우리로 자기를 의지하지 말고 오직 죽은 자를 다시 살리시는 하나님만 의지하게 하심이라 그가 이같이 큰 사망에서 우리를 건지셨고 또 건지실 것이며 이 후에도 건지시기를 그에게 바라노라"(고후1:8-10)

"무명한 자 같으나 유명한 자요 죽은 자 같으나 보라 우리가 살아 있고 징계를 받는 자 같으나 죽임을 당하지 아니하고, 근심하는 자 같으나 항상 기뻐하고 가난한 자 같으나 많은 사람을 부요하게 하고 아무 것도 없는 자 같으나 모든 것을 가진 자로다"(고후6:9-10)

"그들이 그리스도의 일꾼이냐 정신 없는 말을 하거니와 나는 더욱 그러하도다 내가 수고를 넘치도록 하고 옥에 갇히기도 더 많이 하고 매도 수없이 맞고 여러 번 죽을 뻔하였으니 유대인들에게 사십에서 하나 감한 매를 다섯 번 맞았으며 세 번 태장으로 맞고 한 번 돌로 맞고 세 번 파선하고 일 주야를 깊은 바다에서 지냈으며 여러 번 여행하면서 강의 위험과 강도의 위험과 동족의 위험과 이방인의 위험과 시내의 위험과 광야

의 위험과 바다의 위험과 거짓 형제 중의 위험을 당하고 또 수
고하며 애쓰고 여러 번 자지 못하고 주리며 목마르고 여러 번
굶고 춥고 헐벗었노라 이 외의 일은 고사하고 아직도 날마다
내 속에 눌리는 일이 있으니 곧 모든 교회를 위하여 염려하는
것이라 누가 약하면 내가 약하지 아니하며 누가 실족하게 되
면 내가 애타지 아니하더냐 내가 부득불 자랑할진대 내가 약
한 것을 자랑하리라 주 예수의 아버지 영원히 찬송할 하나님
이 내가 거짓말 아니하는 것을 아시느니라"(고후11:23-31)

바울, 그는 어떻게 이렇게 살았을까.
　"내가 나 된 것은 하나님의 은혜로 된 것이니 내게 주신 그의
은혜가 헛되지 아니하여 내가 모든 사도보다 더 많이 수고하
였으나 내가 한 것이 아니요 오직 나와 함께 하신 하나님의 은
혜로라" (고전15:10)

　잠깐! 나하고 비교할 수는 없으나 그래도 나 자신을 깨우려고
귀한 바울의 생애를 요약해서 적어보았다. 주님 보시기에 너무나
초라하고 부끄러운 나의 지난 추억들 주의 종이라고 말을 하기도
부끄럽고 내 육신의 종이었던 나의 문제가 무엇이었던가. 가만히
생각해 보니 나는 바울처럼 주님만 바라보지 못했다는 것이다.

추억을 먹고 산다

"내가 너희 중에서 예수 그리스도와 그가 십자가에 못 박히신 것 외에는 아무 것도 알지 아니하기로 작정하였음이라"(고전 2:2)

"그러나 내게는 우리 주 예수 그리스도의 십자가 외에 결코 자랑할 것이 없으니 그리스도로 말미암아 세상이 나를 대하여 십자가에 못 박히고 내가 또한 세상을 대하여 그러하니라"(갈6:14)

잠깐! 나의 초라하고 부끄러운 추억에 비춰보니 정말 바울의 추억은 귀하다. 그는 평생에 이러한 추억으로 살았으니 얼마나 행복했으랴.

"내가 예수 그리스도의 심장으로 너희 무리를 얼마나 사모하는지 하나님이 내 증인이시니라"(빌1:8)

주님의 십자가만 알고 자랑하다가 이제는 자신의 심장은 없애버리고 예수님의 심장으로 이식하는 대 수술까지 하고 말았다. 여기서 잠깐! 나는 7년 전에 폐렴을 앓아서 대 수술을 하느라고 지금도 옆구리를 길게 자른 흔적이 나 있다. 그 때는 너무나 아팠으나 그 수술을 받고 보니 예수님이 옆구리에 창을 받아 물과 피를 흘리신 고난의 십만분의 일이라도 체험을 하라고 하시는 것이라고 생각 했으나 그후 수년은 건강하니까 잊고 살다가 요즘 다시 그랬던 것을 추억하면서 다시 부끄럽다.

바울의 빌립보 교회에 대한 사랑이란 인간적인 사랑이 아니고 바로 예수님이 빌립보 교회를 사랑하는 그 사랑이라는 말씀을 한다. "하나님이 내 증인"이라고 한 말씀으로 확실하게 하고 있다. 목회자가 성공하지 못하는 것은 바울과 같은 이러한 사랑을 실천하지 못하는 데 있다.

> **"만일 너희 속에 하나님의 영이 거하시면 너희가 육신에 있지**
> **아니하고 영에 있나니 누구든지 그리스도의 영이 없으면 그**
> **리스도의 사람이 아니라"(롬8:9)**

바로 성령님의 사람을 말한다 성령님의 사람은 은사를 행하고 사는 은사주의도 아니다(고전13:1, 2) 성령님의 열매를 맺는 사람이요(갈5:22, 23) 성령님의 열매는 사랑이란 큰 열매 안에 모두가 녹아 있다(고전13:4-8).

잠깐! 부끄러운 나의 추억은, 나는 젊었을 때 어느 선배가 우리는 사랑에 대해서는 자신감이 없어서 잘 전하지 못하는 것이 사실이라고 하기에 나 자신도 그것이 사실인 것 같아서 이 사랑에 대해서는 한 번도 가르치지 못한 바보다. 바울은 물론, 그렇게 사랑을 자주 말한 요한도 그들 자신이 사랑에 대해서는 만점이라서 그 사랑을 강조한 것은 아닐 것이다. 그러나 그들의 삶 자체가 사랑이었던 것은 그들이 전한 말씀이 증거한다.

다시 잠깐! 오늘날은 교회에서 무슨 일, 주로 물질을 사용하는 문제를 가지고 다툴 때 세상 법정에 나가는 일이 많다. 그러다 교회가 분리되기까지 한다. 이런 것을 보면 주님의 몸된 교회의 모양이 불신사회의 모양과 별로 다르지 않고 특히 교회의 지도자들이 직분만 받았을 뿐 평신도 내지 어린 신자들 보다도 더 분별력이 없는 것처럼 보인다.

바울은 삼층천에 올라간 체험을 비롯하여 수많은 교회를 세우고 전도 여행을 다니면서 만난 일들과 사람들, 앞에서 언급한 수많은 고난을 당하게 되었던 추억들 어느 것 하나라도 자신을 위한 것은 없고 오직 복음이었으니 그러한 추억이 얼마나 그를 행복하게 했을까.

> "만일 그리스도 안에서 우리가 바라는 것이 다만 이 세상의 삶뿐이면 모든 사람 가운데 우리가 더욱 불쌍한 자이리라"(고전15:19).

바울이 간직한 추억을 이야기 할려면 신약 성경의 상당한 부분을 다 기록해야 하니 부디 그의 서신들을 열심히 읽어 보라고 권할 수 밖에 없다. 주의 일을 한다고 해서 꼭 고생을 해야 된다는 것은 아니지만 바울의 생애를 더듬어 보면 어떻게 이러한 삶을 살 수 있었을까. 궁금할 뿐이다. 바울, 그의 아름다운 추억 복된 추억 행복한 추억!

"전제와 같이 내가 벌써 부어지고 나의 떠날 시각이 가까웠도다 나는 선한 싸움을 싸우고 나의 달려갈 길을 마치고 믿음을 지켰으니 이제 후로는 나를 위하여 의의 면류관이 예비되었으므로 주 곧 의로우신 재판장이 그 날에 내게 주실 것이며 내게만 아니라 주의 나타나심을 사모하는 모든 자에게도니라"(딤후4:6-8).

이제 바울은 주님을 위하여 피를 바치고 주님께로 갈 것을 알고 기다리고 있다. 정말로 바울이 부럽다. 그는 자신만 아니라 주님을 기다리는 모든 자도 의의 면류관을 받게 될 것이라고 하니 나도? 부럽고 또 부끄럽다.

추억을 먹고 산다

4. 도마의 추억

예수님이 나사로가 죽었다고 하시고 그 나사로에게로 가자고 하셨을 때 "디두모라고도 하는 도마가 다른 제자들에게 말하되 우리도 주와 함께 죽으러 가자 하니라"(요11:16)

예수님은 죽은 나사로를 살리려, 곧 깨우려 가시는데 이런 말을 했으니 두고 두고 부끄러운 추억이 되었을 것이다.

예수님이 부활하신 후 제자들에게 여러 번 나타나 보이셨다. 한 번은 제자들 가운데 도마가 없을 때 나타나신 적이 있다. 그 때 이후 제자들이 도마에게 우리가 주님을 보았다고 하니 도마가 말하기를 내가 내 손으로 그의 손에 못자국을 보며, 그 옆구리에 내가 손을 넣어보지 않고는 안 믿겠다고 했는데 그 후에 예수님은 도마가 다른 제자들과 함께 있을 때 다시 나타나셨다.

> "네 손가락을 이리 내밀어 내 손을 보고 네 손을 내밀어 내 옆
> 구리에 넣어 보라 그리하여 믿음 없는 자가 되지 말고 믿는 자
> 가 되라"(요20:27).

도마는 예수님의 다른 제자들의 말을 믿지 않다가 이렇게 부정적인 사람이 되었던 것이 부끄럽지 않았을까. 예수님이 부활하셨

다는 소식 얼마나 반가와야 되는 것이 정상이 아닌가. 그만큼 판단력이 없었는가. 그래도 예수님은 다시 또 나타나셔서 도마에게 믿음을 챙겨 주신 것이 얼마나 고마운가.

추억을 먹고 산다

PART **4.**

추억은
만들어 가는 것이다

PART **4.**

추억은
만들어 가는 것이다

　사람들은 살아 가면서 더욱 더 세련되고, 사는 모습이 달라져서 요즘엔 추억을 만든다는 말도 쓰고 있다. 어디 여행을 하거나 무슨 즐거운 일이 있거나 하는 곳에 가는 것을 가리켜 추억 만들기란 말까지 쓰고 있다. 지나간 역사는 모두가 여러 가지의 추억이 되는 것이고, 이 추억은 훌륭하고 좋은 추억이 되기도 하고, 나쁜 추억 되기도 하고, 자랑스런 것이 되기도 하고, 부끄러운 것이 되기도 하고, 공개적인 것도 있고, 홀로만 하는 것도 있다. 여럿이 경험하거나 사진이나 기록에 남아 있는 것은 그런대로 보다 덜 아픈 것이지만, 홀로 경험한 것은 쓰라린 것이 더 많을 수 있다.

　그래서 추억은 잘 만들어야 한다. 어릴 때는 추억을 만들 수 없으니 어른들이 만들어 주어야 하고 조금 더 자란 다음에는 자신이 만들어야 한다. 하여튼 추억은 만들기 나름이다. 인생은 그것을 먹고 살게 되어 있다. 잘 만든 추억은 인생을 복되게 만족하게 살도록 만들고 불행하거나 가냘픈 추억은 인생을 후회스럽고 슬프게 만들기도 한다.

1. 멸망으로 가는 추억

사람들이 생각하기를 이 세상에서 부귀영화를 누리고 살면 세상에 사는 동안도 만족하고 저 세상에 가더라도 그렇게 살게 된다고 생각한다. 예를 들면 죽은 사람이 꿈에 나타나는 모습이 세상에 살아 있을 때의 모습이란 것이다.

아니다. 그렇게 보이는 것은 꿈을 꾸는 사람이 생각하는 대로 꿈에도 보이는 것이요, 사후에는 어떻게 될는지 아무도 모른다. 변화산상에서 보인 모세와 엘리야를 보라. 생시에도 볼 수가 있었고, 특히 모세는 죽었으나 살아 있는 모습이었다.

성경에 있는 대로 부자와 거지 나사로, 잘 입고 잘 먹고 날마다 호화롭게 즐기고 살았던 부자는 죽어 음부, 곧 지옥에서 말로 표현할 수 없을 정도로 고생을 하였으나 그 부자의 대문간에서 빌어 먹었던 나사로는 아브라함의 품에서 편하게 살았다. 세상에서 부귀영화를 누리는 자체가 나쁜 것이 아니라 죄에 대한 회개 없이 죄

가운데서 즐기기만 한다는 것이 문제. 이런 것은 세상에서 흔히 있는 것이다.

이런 행위는 즐겁고 흥겨운 추억 만들기로 낮에 즐기고 나면 밤에 그 추억이 즐겁고, 밤에 즐기고 나면 낮에 그 추억이 즐겁고 그의 일생 이러한 추억을 먹고 산다. 이런 추억을 만들고 살다 보면 이 세상에서는 즐겁겠지만 또 남이 부러워하겠지만 그 인생은 불쌍한 것이다. 옛날 노아시대 쯤까지는 거의 천년을 살았으니 추억을 한 번 만들면 수백 년씩을 즐기고 살 수도 있었으나 이제는 그렇지 않다. 잠깐 지나고 나면 이 세상 살이는 끝이다.

여기 성경에서(눅16:19-31) 부자는 지옥에서 건너편에 있는 아브라함에게 나사로를 자기에게 보내어 그 손가락에 물 한 방울을 찍어 내 혀를 서늘하게 해 달라고 애원한다. **"아브라함이 이르되 얘 너는 살았을 때에 좋은 것을 받았고 나사로는 고난을 받았으니 이것을 기억하라"(눅16:25)** 대답이 돌아왔다.

흥청 망청하며 잘 살았다고 죄가 아니다. 예수님을 모르고 하나님 없이 왕노릇하고 살았다는 것이다. 세상에서 살았던 것도 추억할 수 있는 곳이 사후의 지옥이라는 것을 알게 되었으니 어떻게 살아야 할까. 이뿐만 아니라 부자는 아브라함에게 나사로를 땅에 있는 자기 형제들에게 보내어 그들이 이 고통받는 곳에 오지 않게 해 달라고 한다(눅16:27, 28).

그러나 아브라함은 땅 위에 하나님의 종들이 있으니 그들에게 듣도록 두라고 한다. 그들에게, 곧 모세와 선지자들에게 듣지 아니하면 비록 죽은 자 가운데서 살아난 자가 있을지라도 듣지 아니한다고 한다.

사람이 죽어 지옥에 있어도 그의 의식하는 바가 생시와 같고, 거기서도 추억하는 바가 같아서 땅 위에 살고 있는 형제들에게 복음을 전하고자 한다. 생시에 나쁜 추억을 만들어 놓고 죽으면 지옥에 가서도 그것을 추억해야 하니 정말로 슬픈 것이다.

잠깐! 여기서 생각나는 것은 젊은 시절에 읽었던 춘향전에 나오는 한 마당이다. 성춘향이 이 도령을 사랑하여 고을 사또에게 수청을 거절하니 춘향을 감옥에 가두고, 사또는 부하들과 매일 잔치를 하며 희희낙락하고 있을 때 이 도령, 곧 이몽룡은 어사가 되어 그 잔치석에 나타나 시를 한 수 읊었다.

금준미주는 천인혈이요 (金樽美酒 千人血)

옥반가효는 만성고라 (玉盤佳肴 萬姓膏)

촉루낙시에 민루락이요 (燭淚落時 民淚落)

가성고처는 원성고라 (歌聲高處 怨聲高)

한글로 풀이를 한다고 하면

황금 술병에 든 좋은 술은 천 사람의 피요

좋은 상에 차려진 맛 좋은 안주는 만백성의 기름이라

촛불이 눈물을 흘릴 때 백성이 눈물을 흘리고

노래 소리가 높은 곳에는 원망하는 소리가 높도다

이때 어사 출두야! 하는 소리가 들리고 고을 사또 나리는 포승 줄에 묶인다. 내가 추억하는 대로는 이러하다. 결과는 춘향이가 풀려난다.

춘향이를 신앙을 지켜 신랑 예수님을 만나는 진실한 성도라고 하면 고을 사또는 성경에 나오는 부자와 같아서 멸망으로 가는 모습이랄까. 이런 일이야 땅 위에서 허다한 것, 이런 일을 남기고 죽어서 지옥에 가는 사람들, 그들의 추억은 정말로 야릇하다. 이 세상에 살면서 예수님을 모르고 예수님 없이 살다가 가는 사람은 아무리 호화롭게 살다가 간다고 해도 그는 멸망으로 가는 것이요, 거기 가서 추억하는 것도 세상에 살다 간 그 추억 때문에 지옥에 왔다는 그 추억 뿐이다.

부자가 땅 위에 살아 있는 그의 형제들을 추억하면서 전도를 하고 싶어하는 그 심정을 어찌 다 표현할 수 있겠느냐.

잠깐! 나뿐 아니라 이런 사람이 더러 있을 것이다. 가깝다는 부모 형제 자매 또 친척들에게 반드시 복음을 전해야 한다. 그런데 이런 친척들은 잘 듣지도 않고 예사로 듣기가 일쑤여서 전도를 안 하기 쉽다. 이점을 꼭 기억해야 한다.

다시 또 이런 사람의 추억을 알아보고 싶다. 무엇인가. 예수님과 한 날 한 시에 십자가에 못 박힌 한 강도는 옆에서 십자가에 달리신 예수님께 죄를 회개하고 주님과 함께 낙원에 들어가는 영광을 얻게 되었다(눅23:42, 43).

예수님은 돌아가신 후 아리마대 사람 요셉이 새 무덤에 장사하였으나 한 강도는 시신도 어디에 버렸거나 파고 묻어 버렸을 텐데 그의 영은 주님과 함께 천국에 들어가는 영광을 얻게 되었다. 이렇게 가치 없이 죽었으나 주께 진실한 회개 한 마디로 영광의 세계에 들어 갔으니 그는 무엇을 추억하고 있을까. 여기에 대한 대답은 성경 말씀에 비춰본다면 그의 땅 위의 추억은 없다. 나사로 역시 땅 위의 추억은 없을 것이다. 만약에 있다면 거기는 천국이 아닐 것이다. (참고: 마22:30).

하나님께 회개 한다는 것. 그것 한 마디가 얼마나 귀한 것인지 모른다. 우리 같으면 상대방의 마음을 정확하게 모르기 때문에 큰 죄를 지은 사람 같으면 매일 찾아와서 여러 날 빌고 또 빌어야 용서해 줄 수 있을 것 같은데도 한 마디의 회개를 바로 받아 주시는 주님이 너무 고맙다.

앞에서 말한 바와 같이 땅 위에 살면서 지금까지 좋은 추억을

추억을 먹고 산다

만들지 못하고 살았다면 지금부터라도 지옥에 가서라도 땅 위에 살다가 간 나쁜 추억이 없도록(참고: 눅16:25) 예수님을 구주로 영접하고 좋은 추억을 만들어 가야 한다.

문제는 낙원(천국)에 들어가야 되는 것이다.

때때로 예수님을 믿으라고 복음을 전하면 아직은 살 날이 많이 남았다고 하는 말을 하는데 이것은 착각을 해도 크게 하고 있다는 것. 한 부자가 했던 말이다.

> "내가 내 영혼에게 이르되 영혼아 여러 해 쓸 물건을 많이 쌓아 두었으니 평안히 쉬고 먹고 마시고 즐거워하자 하리라 하되, 하나님은 이르시되 어리석은 자여 오늘 밤에 네 영혼을 도로 찾으리니 그러면 네 준비한 것이 누구의 것이 되겠느냐 하셨으니"(눅12:19-20)

지금 예수님을 안 믿는 사람이 앞으로 어느 날 믿을 수 있을지 장담할 수 없다. 이런 핑계는 아무 쓸 데 없는 것이다.

잠깐! 나는 지금도 가지고 있는 부끄러운 소망이 있다. 포도원에 일하러 들어간 일꾼 중에 어떤 이는 오후 늦게 들어가서 얼마 동안 열심히 일을 했더니 아침에 들어가서 종일 일한 사람과 같은 일당

을 받았다는 말씀이다.(참조; 마20:1-16)

이제는 이낄 시간도 없다. 열심히 일을 한다고 해도 벌써 서쪽 하늘에 해가 넘어간다고 끔벅거리고 있다. 그래도 최선을 다해 보려고 해 보는 몸부림일까.

2. 좋은 추억은 상급이다

예수님을 영접하여 믿고 이 세상을 살다가 주님께로 가면 이 세상에서 예수님을 모를 때 범죄한 것은 주님의 보혈의 공로로 다 용서 하심을 받고, 믿고 난 다음의 일들은 일한대로 상급을 주신다.

바울이 말한 성경 말씀을 들어보자. 지금도 그는 죄인 중에 괴수 이지만 그는 믿지 아니할 때 모르고 많은 죄를 범했다고 고백한다 (딤전1:12-16).

> "나는 사도 중에 가장 작은 자라 나는 하나님의 교회를 박해 하였으므로 사도라 칭함 받기를 감당하지 못할 자니라 그러나 내가 나 된 것은 하나님의 은혜로 된 것이니 내게 주신 그의 은혜가 헛되지 아니하여 내가 모든 사도보다 더 많이 수고 하였으나 내가 한 것이 아니요 오직 나와 함께 하신 하나님의 은혜로라" (고전15:9, 10)

추억을 먹고 산다

"나는 선한 싸움을 싸우고 나의 달려갈 길을 마치고 믿음을 지켰으니 이제 후로는 나를 위하여 의의 면류관이 예비되었으므로 주 곧 의로우신 재판장이 그 날에 내게 주실 것이며 내게만 아니라 주의 나타나심을 사모하는 모든 자에게도니라"(딤후4:7, 8)

그렇다. 크리스천에게는 과거의 죄는 없어지고 믿고 난 다음에 일한대로 상을 주신다.

"내게 주신 하나님의 은혜를 따라 내가 지혜로운 건축자와 같이 터를 닦아 두매 다른 이가 그 위에 세우나 그러나 각각 어떻게 그 위에 세울까를 조심할지니라 이 닦아 둔 것 외에 능히 다른 터를 닦아 둘 자가 없으니 이 터는 곧 예수 그리스도라 만일 누구든지 금이나 은이나 보석이나 나무나 풀이나 짚으로 이 터 위에 세우면 각 사람의 공적이 나타날 터인데 그 날이 공적을 밝히리니 이는 불로 나타내고 그 불이 각 사람의 공적이 어떠한 것을 시험할 것임이라 만일 누구든지 그 위에 세운 공적이 그대로 있으면 상을 받고 누구든지 그 공적이 불타면 해를 받으리니 그러나 자신은 구원을 받되 불 가운데서 받은 것 같으리라 (고전3:10-15)

크리스천은 그리스도를 믿는 그 믿음의 터 위에 수고한 대로 상급을 받는다는 것이다. 예수님과 동시에 십자가에서 죽었던 한 강도처럼 죽은 즉시 낙원에 들어간(눅23:43) 사람이나 기타 병원에서 임종시에 구원 받고 죽는 사람의 경우가 아니면 그 누구라도 일한 대로 상급이 있을 것이다. 그러나 바로 앞에 있었던 성경 말씀처럼 (고전3:10-15) 불 가운데서 구원 얻는 것 같은 상급이 조금도 없는 사람도 있을 수는 있을 것이다. 사람들이 무엇을 하든지 내가 잘나서, 내가 열심히 해서, 내가, 내가 하면서 살다가 가면 상급이 없을 수 있다. 바울이 뭐라고 했던가.

"그러나 내가 나 된 것은 하나님의 은혜로 된 것이니 내게 주신 그의 은혜가 헛되지 아니하여 내가 모든 사도 보다 더 많이 수고하였으나 내가 한 것이 아니요 오직 나와 함께 하신 하나님의 은혜로라" (고전15:10)

바울처럼 예수님을 영접하고 빈틈 없이 예수님과 복음을 위해서 죽도록 충성만 하다가 가는 사람은 평생 그 추억이 얼마나 보람있고 뿌듯하겠는가. 그러나 주님을 영접한 후에도 다시 세상으로 돌아갔다가 탕자처럼 다시 돌아오는 사람도 있으니 이런 사람은 이 세상 사는 동안의 추억이 아름답지 못하고 괴로울 것이다.

추억을 먹고 산다

예를들면 다윗의 추억은 심히 괴로웠을 것이다. 우리아를 전선 전방에 내보내어 죽이고 그의 아내 밧세바를 취한 것. 이런 일이 신약 시대엔 있을 수가 없다.

그러나 구약시대엔 성령님이 성도 안에 항상 계시는 것이 아니어서 "나를 주 앞에서 쫓아내지 마시며 주의 성령을 내게서 거두지 마소서"(시51:11) 라고까지 애원했다. 다윗은 이 무서운 죄를 범한 까닭에 그 가정에 살육하는 불화가 계속되었다. 그래도 하나님이 선택하셔서 세우신 예수님의 육신의 조상이다.

탕자의 추억은 아버지 집을 다시 찾게 하였다.(눅15:11-32) 인간이란 이렇게도 육신이 고달파야 회개를 하게 된다. 크리스천은 배가 고파야, 육신이 괴로워야 성령님을 근심 시키는 일을 그만하고 회개하게 된다는 것이 안타깝다(눅15:17; 참고 엡4:30).

크리스천 그가 남긴 좋은 추억대로 그의 평생이 행복할 것이고, 그가 주님께로 갈 때는 그 모든 추억이 상급이 될 것이다.

> "나는 선한 싸움을 싸우고 나의 달려갈 길을 마치고 믿음을 지켰으니 이제 후로는 나를 위하여 의의 면류관이 예비되었으므로 주 곧 의로우신 재판장이 그 날에 내게 주실 것이며 내게만 아니라 주의 나타나심을 사모하는 모든 자에게도니라"(딤후4:7, 8)

바울의 추억은 그가 이곳 저곳으로 다니며 복음 전도를 하였다. 주님이 그를 사용하여 세우신 교회들을 돌아보며 그들을 가르친 교훈들, 각 교회의 형편과 사정들, 여러 사건들 처리한 것들을 한 평생 지도를 그리듯 환하게 추억하면서 살았을 것이다. 사도행전에서 그의 부르심을 받은 장면부터 그의 여러 서신들이 얼마나 그를 뿌듯하게 하는 표창장이었으랴.

　크리스천에게는 그가 예수님을 영접하기 전과 예수님을 영접한 후의 추억이 완연히 다르게 구분이 된다. 이 세상에 사는 동안에도 신앙이 없었을 때는 후회의 추억으로 남고, 주님을 믿고 난 후의 추억은 좋았더라도 부족했던 부분들이 있어 그러한 추억으로 마음이 괴로울 수가 있다. 그래서 좋은 추억을 만들도록 그 방법들을 알려 달라고 주께 기도 드리고 계획해야 한다. 일생을 완전히 불신 앙으로 살다가 가는 사람은 부자와 나사로에서 부자처럼 그는 사후에 지옥불에 들어가서 무서운 후회의 추억을 하게 될 것 밖에 없으니 더 생각할 필요가 없다.

　특기할 것은 미국처럼 총으로 망하는 사람이 많은 나라에서는 하루 바삐 예수님을 믿고 갈 준비를 해야 한다.

추억을 먹고 산다

3. 절대적인 추억

예수님이 하늘나라로 가시면서 제자들에게 말씀하셨다.

"그러므로 너희는 가서 모든 민족을 제자로 삼아 아버지와 아들과 성령의 이름으로 세례를 베풀고 내가 너희에게 분부한 모든 것을 가르쳐 지키게 하라 볼지어다 내가 세상 끝날까지 너희와 항상 함께 있으리라 하시니라"(마28:19, 20)

한마디로 요약하면 모든 사람에게 예수님과 좋은 추억을 가지게 하라, 곧 복음을 전하라는 것이다. 예수님은 제자들과 좋은 추억을 만들어 놓고 가셨다.

"시몬 베드로가 대답하되 주여 영생의 말씀이 주께 있사오니 우리가 누구에게로 가오리까"(요6:68)

성경을 기록한 제자들 뿐만 아니라 함께 다녔던 모든 제자들은 예수님과 다니면서 들었던 말씀들과 경험한 일들이 하늘나라에 가기까지 일생에 좋은 추억들이 되어 주님을 위해 목숨을 바치기까지 하며 충성을 했다. 크리스천은 교회 생활 기타 이 세상을 살아

가면서 예수님의 말씀으로 성경 말씀으로 예수님과의 가장 좋은 추억을 만들면서 살아간다.

아무리 재미가 있고 화려하게 살아간다고 해도 예수님과의 추억이 아름답고 잊을 수 없는 것이 되지 못하면 의미가 없다. 교회 이름부터 재미 있고 기쁘고 좋은 느낌을 주는 이름을 가진 곳이 많이 있지만 아무리 기쁘고 즐거워도 예수님과의 추억이 짙은 교회가 아니면 안 된다.

> **"살리는 것은 영이니 육은 무익하니라 내가 너희에게 이른 말은 영이요 생명이라" (요6:63).**

구약의 아가서는 예수님과 성도(교회)의 거룩한 로맨스를 노래한 것이다. 유대인들은 성년이 되기 전에는 아가서를 읽지 말라고 한다고 한다. 그 누구라도 이 아가서는 신앙이 성숙 할수록 그 의미를 깊이 알 수가 있고, 나이가 들어야 잘 이해할 수 있는 것이 사실이다. 아가서는 솔로몬이 쓴 것이니까 솔로몬의 노래가 맞지만 히브리 이름으로는 노래 중의 노래다. 그러나 이 노래도 진정한 의미는 신약시대에 와서야 알 수 있다. 성령님이 성도에게 오셔서 계시는 데서 마음으로도, 몸으로도 체험할 수가 있다.

추억을 먹고 산다

"나의 사랑하는 자가 내게 말하여 이르기를 나의 사랑, 나의 어여쁜 자야 일어나서 함께 가자, 겨울도 지나고 비도 그쳤고, 지면에는 꽃이 피고 새가 노래할 때가 이르렀는데 비둘기의 소리가 우리 땅에 들리는구나 무화과나무에는 푸른 열매가 익었고 포도나무는 꽃을 피워 향기를 토하는구나 나의 사랑, 나의 어여쁜 자야 일어나서 함께 가자 바위 틈 낭떠러지 은밀한 곳에 있는 나의 비둘기야 내가 네 얼굴을 보게 하라 네 소리를 듣게 하라 네 소리는 부드럽고 네 얼굴은 아름답구나" (아2:10-14).

예수님이 교회(성도)를 사랑하시는 마음으로 보면 좋을 것이다.

"남편들아 아내 사랑하기를 그리스도께서 교회를 사랑하시고 그 교회를 위하여 자신을 주심 같이 하라"(엡5:25).

아가서는 구약 성경이라서 사람의 애정처럼 기록을 했으나 신약시대 성령님이 오신 이후에 사는 우리들이 바로 체험할 수 있는 내용들이다. 남편이 아내를 사랑하는 것도 종일토록 잊어버리는 순간이 거의 없이 생각하는 것처럼, 혹은 아내가 남편을 기억하는 것처럼, 크리스천은 예수님과 함께 있지 아니해도 잠이 들기 전에는 늘 기억하고 마음으로만 아니라 중얼거리며 주님 주님 하면서 기도하고 지내는 것은 귀하고 놀랍다.

이렇게 하여 예수님과 성도는 추억이 만들어지고, 심지어는 성도와 성도끼리도 "한피 받아 한 몸 이룬 형제여 친구들이여" 하고 찬송할 만큼 가까워지고 사랑으로 연결이 되기도 하는 것 같이 예수님과의 그 추억이 귀하다는 것이다.

예수님과 성도의 추억은 육신적으로 만나지 않아도 탄탄하게 만들어지는 것이 참으로 놀랍다. 예수님이 부활하셔서 승천하시기 전에 마지막 말씀을 주셨다.

> "그러므로 너희는 가서 모든 민족을 제자로 삼아 아버지와 아들과 성령의 이름으로 세례를 베풀고 내가 너희에게 분부한 모든 것을 가르쳐 지키게 하라 볼지어다 내가 세상 끝날까지 너희와 항상 함께 있으리라 하시니라" (마28:19, 20)

복음을 전해야 한다. 그래서 온 세상의 교회가 그 일을 하고 있다.
"예수를 너희가 보지 못하였으나 사랑하는도다 이제도 보지 못하나 믿고 말할 수 없는 영광스러운 즐거움으로 기뻐하니 믿음의 결국 곧 영혼의 구원을 받음이라"(벧전1:8, 9)

이렇게 만천하 모든 사람과 예수님의 추억이 만들어지는 것이 참으로 귀하고 놀랍다. 하나님의 사랑은 하나님과 아담의 그 추억을 하나 하나 회복해 가시는 것이다. 이 일이 마지막 아담 예수님으로 말미암아 이루어지고 있다.

사람이 서로 믿고 신뢰 관계가 이루어지지 않으면 그들끼리 추억이라는 것은 없다. 예수님과의 신뢰 관계에서 진정한 추억이 만들어 진다. 처음 만드신 첫 아담과 하나님의 추억이란 확실하기로는 이보다 더 확실한 추억이 어디 있을까. 하나님이 흙으로 사람을 빚으시고 생기를 불어 넣어 산 사람이 되게 하셨으니 그렇게 지음을 받은 그 추억이란 너무나 확실하여 잊을 수가 없고 그러한 하나님 아버지를 저버릴 수가 없을 터이다. 아담은 죄가 없었고 죄를 알지도 못했으나 뱀의 유혹에 넘어가서 하나님의 명령을 어기고 말았다(창3장).

아담에게는 그 추억이 하나님처럼 그렇게 잊을 수 없는 애틋한 것이 아닐 수도 있다. 사람이 태어날 때 부정모혈(父精母血)로 된다고 하는 만큼 부모의 뼈와 살을 받아 자신이 세상에 나왔다고 아는 것과는 다를 수가 있고, 자라는 과정에서 부모의 다정한 손길을 거치는 과정도 없이 지어졌으니 그러한 추억은 없을 수 있다.

인간의 지식도 자신이 자식을 낳아 길러 보지 않으면 부모의 애정을 느끼지 못해서 부모를 귀히 여기지 못하는 경우가 있다. 인간의 육신이란 손으로 접촉을 하고 고생하는 것을 봐야 애정과 애착을 느끼는 것이다. 그래서 먼데 있는 친척보다 이웃 사촌이 낫다는 말을 한다.

하나님의 첫 사람 아담에 대한 애착, 곧 추억은 대단한 것이다. 이 인간이 하나님을 배신하고 에덴에서 추방을 당할 때에도 내외에게 가죽 옷을 지어 입히시고, 당장 죽이지도 않고 자녀를 낳고 살다가 930년이나 살려 두신 것은 아담과의 추억이 애틋해서다. 하나님 아버지는 인간에 대한 애착을 포기할 수 없어서 이것들을 도로 찾으려고 예수님을 땅에 보내사 이 아들을 희생을 시키더라도 인간들, 곧 아담의 후손들을 에덴으로 돌아가게 하신다.

"하나님이 세상을 이처럼 사랑하사 독생자를 주셨으니 이는 그를 믿는 자마다 멸망하지 않고 영생을 얻게 하려 하심이라"(요3:16).

어떤 사람이 예수님을 믿고 세례를 받고 살다가 교회에 출석도 안하고 사람들 보기에는 불신자처럼 생활했다. 수십 년이 흐른 후에 병들어서 죽어가는 것을 보고 그의 아들이 "아버지, 예수님을 믿느냐"고 물으니 요3:16을 안다고 했다. 구원을 받았을까 못 받았을까.

"그러므로 나의 사랑하는 자들아 너희가 나 있을 때뿐 아니라

추억을 먹고 산다

더욱 지금 나 없을 때에도 항상 복종하여 두렵고 떨림으로 너

희 구원을 이루라"(빌2:12)

이 말씀은 구원을 가볍게 여기지 말고 품격 있는 구원, 곧 가치 있게 생각하라. 귀중하게 생각하라는 것인데 이 구원이 영생 하늘 보다 높은 귀한 은혜다. 하나님이 아담에게 선악과를 먹으면 반드 시 죽고 지옥에 간다고 하셨으면 먹지 아니하였을까. 거기엔 지옥 이란 말은 없었다. 하나님이 아담 후손들을 전적으로 모두 포기할 수는 없었다는 것. 에덴에서 함께 하셨던 그 추억을 잊을 수가 없 어서 그들의 일부라도 택하시고 그들을 위하여 예수님을 십자가에 못을 박았다는 것, 이것은 대단한 것이다.

예수님은 하나님의 아들로서 "아버지여 창세 전에 내가 아

버지와 함께 가졌던 영화로써 지금도 아버지와 함께 나를 영

화롭게 하옵소서"(요17:5)

아담이 범죄하기 전부터 있었던 이 아들을 희생시키사 아담의 후손들 곧 죄인들을 다시 새 에덴에 들어오게 하시는 그 사랑은 대 단하다. 하나님의 에덴에 대한 추억을 회복을 하는 데는 삼위일체 하나님의 합동 작전이 필요했다. 성부 하나님께서 아담의 후손 중

일부를 예수님께 주셨다.

> "내가 그들에게 영생을 주노니 영원히 멸망하지 아니할 것이
> 요 또 그들을 내 손에서 빼앗을 자가 없느니라 그들을 주신 내
> 아버지는 만물보다 크시매 아무도 아버지 손에서 빼앗을 수
> 없느니라"(요10:28, 29).

이 보다 앞서 요3:16이 있다. 세상을 아주 사랑하사 외아들을 주셨으니, 이 아들을 주시고 믿으란 것이다. 아담에게는 선악과를 주시긴 했으나 먹지는 말라 먹으면 죽는다는 것이요, 예수님을 주시고 믿으라고 하신다.

세상에 존재하는 수 많은 종교에서는 교주가 살아 있는 동안에 그를 숭배하고 또 죽고 난 다음에도 그에게 제사를 지내고 또 신으로 섬기고 그의 말을 따르고 있다. 하나님은 그의 외아들을 주시되 모든 아담의 후손들의 죄를 대속하는 제물로 십자가에 달려 죽고 다시 부활하게 하셨다. 첫 사람 아담이 실패한 문제를 다시 되풀이하지 않기 위하여 하나님이 이번에는 당당하게 대처하신 것이다. 첫 사람 아담의 죄에 대하여 극형을 내리시고 그 문제를 해결하신 증표로 부활의 영광을 주시되, 예수님만 아니고 예수님을 믿는 사람들까지 부활의 영생을 선물로 주셨다(요11:25, 26).

추억을 먹고 산다

"아버지께서 나를 아시고 내가 아버지를 아는 것 같으니 나는 양을 위하여 목숨을 버리노라,
이를 내게서 빼앗는 자가 있는 것이 아니라 내가 스스로 버리노라 나는 버릴 권세도 있고 다시 얻을 권세도 있으니 이 계명은 내 아버지에게서 받았노라" (요10: 15, 18).

"그들이 그 날 바람이 불때 동산에 거니시는 여호와 하나님의 소리를 듣고 아담과 그의 아내가 여호와 하나님의 낯을 피하여 동산 나무 사이에 숨은지라 여호와 하나님이 아담을 부르시며 그에게 이르시되 네가 어디 있느냐 이르되 내가 동산에서 하나님의 소리를 듣고 내가 벗었으므로 두려워하여 숨었나이다 이르시되 누가 너의 벗었음을 네게 알렸느냐 내가 네게 먹지 말라 명한 그 나무 열매를 네가 먹었느냐 아담이 이르되 하나님이 주셔서 나와 함께 있게 하신 여자 그가 그 나무 열매를 내게 주므로 내가 먹었나이다" (창3:8-12)

하나님을 의인화 시켜 서술하고 있는 이 말씀속에 하나님과 아담의 추억이 그려져 있다. 예수님과 하나님의 추억도 있다.

"예수께서 이 말씀을 하시고 눈을 들어 하늘을 우러러 이르시

되 아버지여 때가 이르렀사오니 아들을 영화롭게 하사 아들로 아버지를 영화롭게 하옵소서 아버지께서 아들에게 주신 모든 사람에게 영생을 주게 하시려고 만민을 다스리는 권세를 아들에게 주셨음이로소이다 영생은 곧 유일하신 참 하나님과 그가 보내신 자 예수 그리스도를 아는 것이니이다 아버지께서 내게 하라고 주신 일을 내가 이루어 아버지를 이 세상에서 영화롭게 하였사오니 아버지여 창세 전에 내가 아버지와 함께 가졌던 영화로써 지금도 아버지와 함께 나를 영화롭게 하옵소서"(요17:1-5)

하나님은 창세 전에 예수님과 가지셨던 추억도 귀하지만 아담과의 추억을 더 그리워 하시고 더구나 이 추억은 아담 부부 뿐만 아니라 그들의 후손 억조 창생을 다 포기하실 수가 없어서 철석 같은 작정을 하신 것이다.

"찬송하리로다 하나님 곧 우리 주 예수 그리스도의 아버지께서 그리스도 안에서 하늘에 속한 모든 신령한 복을 우리에게 주시되 곧 창세 전에 그리스도 안에서 우리를 택하사 우리로 사랑 안에서 그 앞에 거룩하고 흠이 없게 하시려고 그 기쁘신 뜻대로 우리를 예정하사 예수 그리스도로 말미암아 자기의

추억을 먹고 산다

아들들이 되게 하셨으니 이는 그가 사랑하시는 자 안에서 우리에게 거저 주시는 바 그의 은혜의 영광을 찬송하게 하려는 것이라"(엡1:3-6).

연약한 인간의 판단으로는 알 수가 없지만 창세 전에 아담이 하나님을 배신하기 전에 벌써 하나님은 예수님을 속죄의 제물로 세우시고 에덴의 회복을 설계하신 것이다. 에덴의 추억을 회복하시는 작전에는 삼위일체 하나님이 함께 하셨다고 했거니와 이것은 절대 성공이요 절대로 확실한 것이었다. 이것이 하나님의 추억에 대한 애착이다.

하나님이 그리스도 안에서 우리를 택하시고(엡1:4) 그의 기쁘신 뜻대로 예정하사 (엡1:5) 그리스도께서 우리 죄를 대신 담당하시고 대속하시는 것을 그 택하시고 미리 정하신 사람들이 믿고, 구원 얻도록 성령님이 택하신 자들을 거듭나게 하사, 믿게 하신다는 것이다. 그러니까 구원, 곧 영생은 전적으로 삼위일체 하나님의 총력 합동작전으로 된 은혜다.

"이는 그가 사랑하시는 자 안에서 우리에게 거저 주시는 바 그의 은혜의 영광을 찬송하게 하려는 것이라"(엡1:6).

예수님과의 좋은 추억이 인생의 성공이다

구약의 아가서는 예수님과 성도가 보고, 듣고, 만나는 아름답고 달콤한 사랑의 노래요, 거룩한 로맨스라고 하면 오늘 예수님과 성도(교회)의 교제는 보지도 못하는 상황이지만 더 달콤하고, 다정하고, 흔들림 없는 사랑의 교제이다. 그래서 예수님과의 추억이 잘 만들어지면 영원히 행복한 추억이 되어 하나님의 새 에덴 회복이 완성된다. 오늘 예수님과 성도(교회)의 교제가 구약의 아가서 보다도 우수한 거룩한 로맨스인 것은 성령님이 성도와 함께 하시기 때문이다. 이 사실은 성도이면 누구나 알게 된다.

> "너희는 믿음 안에 있는가 너희 자신을 시험하고 너희 자신을 확증하라 예수 그리스도께서 너희 안에 계신 줄을 너희가 스스로 알지 못하느냐 그렇지 않으면 너희는 버림 받은 자니라"(고후13:5).

> "만일 너희 속에 하나님의 영이 거하시면 너희가 육신에 있지 아니하고 영에 있나니 누구든지 그리스도의 영이 없으면 그리스도의 사람이 아니라"(롬8:9).

추억을 먹고 산다

구약시대의 성도와 이 시대의 성도는 판이하게 다르다. 옛날의 성도나 오늘의 성도나 다 육신을 가지고 있으나 오늘의 성도는 그 몸을 주장하는 것이 육이 아니요 영이라고 했다. 예수님은 성령님으로 동정녀 마리아에게서 태어나신 완전히 성령님의 사람 곧 하나님이시지만 크리스천은 성령으로 한번 더 태어난 사람이라서 육의 지배를 더 많이 받고 있기는 해도 육의 사람은 아니고 영의 사람이다.

예수님은 육신을 가지셨지만 완전히 영의 지배를 받는 분이다. 그러나 우리는 육신의 사람에서 성령으로 거듭났기 때문에 성령님 쪽으로 향하여 살고 있다. 그러니까 죄 있는 육신을 가지고 있어도 성령님 쪽으로 갈려고 하는 경향이다. 바로 예수님을 닮아가고 있는 것이다. 조금 추월한다고 하면 예수님은 하나님이시면서도 사람이기에 주님과 성도의 거룩한 로맨스인 아가서 보다도 더 아름다운 로맨스를 노래하실 수 있다. 성경을 보면 주님은 시인 중에도 시인이심을 알수 있다

"또 너희가 어찌 의복을 위하여 염려하느냐 들의 백합화가 어떻게 자라는가 생각하여 보라 수고도 아니하고 길쌈도 아니하느니라 그러나 내가 너희에게 말하노니 솔로몬의 모든 영광으로도 입은 것이 이 꽃 하나만 같지 못하였느니라 오늘 있다가

내일 아궁이에 던져지는 들풀도 하나님이 이렇게 입히시거든
하물며 너희일까보냐 믿음이 작은 자들아"(마6:28-30)

크리스천 속에는 그리스도의 영이 계시기에 그리스도를 닮아 가니까 그리스도 예수님과 아름다운 로맨스 아가서를 노래할 수 있어 아름다운 추억을 만들어 가기에 조금도 손색이 없다.

어릴 때부터 예수님과의 추억을 만들어 가야 한다

"마땅히 행할 길을 아이에게 가르치라 그리하면 늙어도 그것
을 떠나지 아니하리라" (잠22:6).

반드시 부모는 자녀들에 대한 교육을 어릴 때부터 가르쳐야 한다. 세살 버릇 여든까지 간다는 말은 정확한 교훈이다. 유치원에 보내더라도 성경을 교육하는 곳에 보내고, 가정에서도 예배를 드리고 부모가 성경 말씀으로 교훈을 하고 부모가 성경을 읽는 모습을 보면서 자란다는 것은 일생에 잊혀지지 않는 추억이 된다. 자식들을 예수님과 좋은 추억을 가지도록 만들어 놓으면 절로 효자가 되고 자라나서 사회에서도 어디에 뒤지지 않는 훌륭한 사람이 되지만 여기에 등한히 하면 좋은 결과를 가져올 수 없다.

추억을 먹고 산다

"하나님이여 나를 어려서부터 교훈하셨으므로 내가 지금까지 주의 기이한 일들을 전하였나이다 하나님이여 내가 늙어 백발이 될 때에도 나를 버리지 마시며 내가 주의 힘을 후대에 전하고 주의 능력을 장래의 모든 사람에게 전하기까지 나를 버리지 마소서"(시71:17, 18).

이와 같이 유대인들은 어려서부터 하나님의 말씀을 가르치고 있다는 것을 증거하고 있다. 예수님과 만든 추억은 노년의 행복이다. 노인이 되었을 때 예수님과의 추억이 없으면 매일 매일의 생활이 의미가 없고 물 같이 흐르는 세월이 안타깝고 하루 하루 인생의 종말이 가까이 오는 것이 괴롭다.

추억이라는 것이 초등학교에서 중고등학교 혹은 대학까지 아니면 그 이후 사회 생활을 하면서 사귀던 친구들과의 추억, 괴로웠던 일 즐거웠던 일 이런 것들만 남아 있어 다시 만날 수 없어 아련하기만 한 것들 모두가 허무하기만 할 뿐이다. 그러나 예수님과의 추억들은 성도들 간의 추억을 또 만들게 되어 그 추억이 나를 즐겁게 하고 생각하면 행복해진다.

잠깐! 수십년간 교회에서 목양 생활을 하면서 알게된 성도들과는 그 추억들이 나를 위로하고 나를 행복하게 하고 있으나 학교시절 친구들에게는 복음을 전해도 이제는 늘그막이라서 잘 알아 들지도 못하고 인생이 허무하다고 하는 소리를 들으면 안타깝기만 하다.

> "너희는 마음에 근심하지 말라 하나님을 믿으니 또 나를 믿으라 내 아버지 집에 거할 곳이 많도다 그렇지 않으면 너희에게 일렀으리라 내가 너희를 위하여 거처를 예비하러 가노니 가서 너희를 위하여 거처를 예비하면 내가 다시 와서 너희를 내게로 영접하여 나 있는 곳에 너희도 있게 하리라 내가 어디로 가는지 그 길을 너희가 아느니라 도마가 이르되 주여 주께서 어디로 가시는지 우리가 알지 못하거늘 그 길을 어찌 알겠사옵나이까 예수께서 이르시되 내가 곧 길이요 진리요 생명이니 나로 말미암지 않고는 아버지께로 올 자가 없느니라"(요 14:1-6).

있을 곳을 예비하러 가신 주님을 기다리는 사람은 아무 근심이 없다. 늙어서 육신이 잠이 든다고 해도 **"나는 부활이요 생명이니 나를 믿는 자는 죽어도 살겠고 무릇 살아서 나를 믿는 자는 영원히 죽지 아니하리니 이것을 네가 믿느냐"**(요11:25, 26)

이 주님을 믿으니 아무 걱정이 없다. 이 사실을 크리스천 안에 계시는 성령께서 바로 증거해 주시고 믿음을 주신다. 성령께서 보

추억을 먹고 산다

증이 되어 주시니 든든하다.(고후1:22).

"만일 땅에 있는 우리의 장막 집이 무너지면 하나님께서 지으신 집 곧 손으로 지은 것이 아니요 하늘에 있는 영원한 집이 우리에게 있는 줄 아느니라 참으로 우리가 여기 있어 탄식하며 하늘로부터 오는 우리 처소로 덧입기를 간절히 사모하노라 이렇게 입음은 우리가 벗은 자들로 발견되지 않으려 함이라 참으로 이 장막에 있는 우리가 짐진 것 같이 탄식하는 것은 벗고자 함이 아니요 오히려 덧입고자 함이니 죽을 것이 생명에 삼킨 바 되게 하려 함이라 곧 이것을 우리에게 이루게 하시고 보증으로 성령을 우리에게 주신 이는 하나님이시라"(고후 5:1-5).

성령께서 함께 하시는 크리스천은 늙어도 아무 걱정이 없다. 간다고 해도 주님께로 갈 것이니 평안하다. 있을 곳을 예비하러 가신 주님, 그냥 가신 것이 아니요 십자가를 지시고 그 다음에 부활하셔서 가셨다. 크리스천이 가기 싫어 한다면 신앙의 입장에서가 아니고, 일반적인 인간의 도리로 봐도 의리 없는 인간이 된다. 나를 위해 그러한 고통을 당하시고 대신 생명을 주시고 예비하신 집인데 가기 싫어 하다니.

한 손에 막대 잡고 또 한 손에 가시 쥐고

늙는 길 가시로 막고 오는 백발 막대로 치려더니

백발이 제 먼저 알고 지름길로 오더라   - 우탁 -

이렇게 가기를 싫어하는 것은 그리스도를 모르는 사람이요, 주를 영접한 사람이 아니다.

> **"그리스도의 사랑이 우리를 강권하시는도다 우리가 생각하건대 한 사람이 모든 사람을 대신하여 죽었은즉 모든 사람이 죽은 것이라 그가 모든 사람을 대신하여 죽으심은 살아 있는 자들로 하여금 다시는 그들 자신을 위하여 살지 않고 오직 그들을 대신하여 죽었다가 다시 살아나신 이를 위하여 살게 하려 함이라"(고후5:14-15).**

성도가 기도할 수 있다는 것 이것 얼마나 귀한 재산인지 모른다. 예수님이 날 위해 돌아가시고, 성령님 보내 주셔서 그 성령님이 내 안에 계시므로 기도할 수가 있다. 세상에 사는 동안 기쁠 때도, 슬플 때도, 외로울 때도, 괴로울 때도, 무슨 일을 만나도 주님께 기도를 드린다. 주여! 하면 만사가 해결된다.

"아무것도 염려하지 말고 다만 모든 일에 기도와 간구로, 너
희 구할 것을 감사함으로 하나님께 아뢰라 그리하면 모든 지
각에 뛰어난 하나님의 평강이 그리스도 예수 안에서 너희 마
음과 생각을 지키시리라"(빌4:6, 7).

"나는 비천에 처할 줄도 알고 풍부에 처할 줄도 알아 모든 일
곧 배부름과 배고픔과 풍부와 궁핍에도 처할 줄 아는 일체의
비결을 배웠노라 내게 능력 주시는 자 안에서 내가 모든 것을
할 수 있느니라"(빌4:12, 13).

여기서 사람들은 능력 주시는 자 안에서 모든 것을 할 수 있느
니라는 말씀을 강조하면서 주 안에서는 모든 것이 가능하다고만
하여 한 걸음 더 나아가 만사 형통이라는 듯 외치기도 하지만 그
앞에 있는 말씀이 더 중요하다. 어떠한 고난에도 고통에서도 이겨
내게 되었다는 것이다.

바울이야 말로 복음을 위하여 고난을 많이 당했다.(고후1:8, 9;
11:23-28 참고) 이렇게 살면서 바울은 예수님과의 추억들을 많이 만
들어 놓고 예수님께로 갔다. 물론 하나님의 나라에 가면 그런 것은
기억에 없고 영광에 참여하게 되겠지만 세상에 머무는 동안에는
주님과의 추억이 행복했을 것이다.

어려서부터 부모의 슬하에서 유아세례를 받고 자라난 사람은 복된 사람이다. 이 신앙적인 환경에서 벗어나지 아니하고 유치원에서부터 초등학교, 중학교, 고등학교, 대학을 나오고 사회생활을 하면서도 신앙생활을 잘하는 사람이 되어야 하는데 그게 여의치 못할 때가 많다.

부모는 이런 문제를 두고 늘 기도하면서 양육을 해야 한다. 여기에 더하여 교회가 이 문제를 안고 가야 한다. 여러 학생들이나 청년들이 모두가 생각이 다르고 자라 온 배경도 다른데 이들을 함께 잘 인도해 나가기는 정말 어렵다. 그래도 그렇게 해야 하는 것이 교회가 할 일이다.

4. 절대적인 추억 만드는 훈련

아가서는 주님과 성도(교회)가 보고 듣고 만날 수 있는 하나의 사랑의 동산이요 작은 에덴을 그려 놓은 것이지만 우리는 곧 오늘의 교회는 성령님을 통하여 예수님과도 성부 하나님과도 교제하는 곳이니 하늘나라에 가기까지는 주님과 추억 만드는 훈련이 필요하다. 성도(교회)와 예수님의 추억 만들기, 곧 주님과의 교제는 있어도 되고 없어도 되는 것이 아니고 절대적으로 있어야 한다. 사람과 예수님과의 교제가 없으면 바로 앞에서 말한 멸망으로 가는 추억 밖에는 없다.

가장 먼저 성령님으로 말미암아 택하신 사람을 거듭나게 하셔서 예수님을 구주로 믿게 하셔서 그 사람 안에 계신다(요3:3, 5) 그 시로 부터

> "그 날에는 내가 아버지 안에, 너희가 내 안에, 내가 너희 안에 있는 것을 너희가 알리라"(요14:20)

이렇게 삼위일체 하나님이 성도와 함께 하시게 된다. 그 다음에는 하나님과 예수님에 대해서 더 확실하게 알고 예수님에 대한 든든한 믿음을 가지고 살기 위해서 성령님의 저서인 성경 말씀을 많이 알고 마음에 새기고 영혼의 양식을 삼아야 한다.

> "너희가 성경에서 영생을 얻는 줄 생각하고 성경을 연구하거니와 이 성경이 곧 내게 대하여 증언하는 것이니라"(요5:39).

> "모든 성경은 하나님의 감동으로 된 것으로 교훈과 책망과 바르게 함과 의로 교육하기에 유익하니 이는 하나님의 사람으로 온전하게 하며 모든 선한 일을 행할 능력을 갖추게 하려 함이라"(딤후3:16, 17)

구약 시대는 하나님이 말씀하시는 시대(God say us)요, 예수님이 땅에 계시던 시대는 하나님이 우리와 함께 하신 시대(God with us)요 지금은 하나님이 우리 안에 계시는 시대 (God in us)이다. 그래서 기도로 하나님과 함께 할 수 있으나 더 중요한 것은 성경의 저자이신 성령님과 함께 하려면 역시 성경을 많이 읽고 알아야 한다. 하나님의 교회가 아가서의 동산이 되고, 성도가 머무는 곳이 아가서의 동산과 같이 되려면 성경 말씀을 많이 알고 늘 성경 말씀대로 살아가야 한다.

> "내가 받은 것을 먼저 너희에게 전하였노니 이는 성경대로 그리스도께서 우리 죄를 위하여 죽으시고 장사 지낸 바 되셨다가 성경대로 사흘 만에 다시 살아나사" (고전15:3, 4).

이 말씀을 다음의 말씀과 각각 연결시켜 볼 수 있다.

> "너희가 성경에서 영생을 얻는 줄 생각하고 성경을 연구하거니와 이 성경이 곧 내게 대하여 증언하는 것이니라"(요5:39).

> "예수께서 대답하여 이르시되 기록되었으되 사람이 떡으로만 살 것이 아니요 하나님의 입으로 부터 나오는 모든 말씀으로 살 것이라 하였느니라"(마4:4)

추억을 먹고 산다

> "내가 만일 그렇게 하면 이런 일이 있으리라 한 성경이 어떻게 이루어지겠느냐 하시더라"(마26:54)

> "그 후에 예수께서 모든 일이 이미 이루어진 줄 아시고 성경을 응하게 하려 하사 이르시되 내가 목마르다 하시니"(요 19:28).

하나님의 절대적인 소원을 푸는 길이다. 하나님은 아담이 에덴에서 나가고 에덴의 추억에 한이 맺혀서 다시는 잃어 버리지 않는 에덴을 만들기 위해서 마지막 아담과는 일체가 되어서 사는 것은 물론, 마지막 아담이신 예수님을 믿어 함께 살 모든 사람에게도 성령님으로 하나가 되어 살도록 하셨다.

첫 아담 속에도 성령님이 계셨더라면 범죄할 수 있었겠느냐? 절대로 그런 일은 없었을 것이다.

> "아버지여, 아버지께서 내 안에, 내가 아버지 안에 있는 것 같이 그들도 다 하나가 되어 우리 안에 있게 하사 세상으로 아버지께서 나를 보내신 것을 믿게 하옵소서" (요17:21).

크리스천이 삼위일체 하나님 안에 살게 되는 것은 사실상 삼위일체 하나님과 하나가 된다는 것이니 이 얼마나 귀한 일인가. 예수님만 하나님의 영광에 참여하는 것이다.

"아버지여 창세 전에 내가 아버지와 함께 가졌던 영화로써 지금도 아버지와 함께 나를 영화롭게 하옵소서"(요17:5).

아담이 에덴에서 행복한 생활을 했다고 해도 예수님처럼 하나님(성부)의 영광에 참여 하지는 못했다. 어디까지나 아담은 피조물인 인간이었다. 하나님은 또 다시 에덴에서 인간이 추방되는 그런 일이 없도록 아예 성령님을 통하여 성부 성자와 성령님을 통하여 하나되어 살게 하신 것이다.

예수님이 아담의 죄를 대속하기 위하여 십자가에서 피를 흘리는 그런 고통을 당하게 하시고 에덴에 사는 모든 성도는 성령님을 통하여 삼위일체 하나님과 함께 살도록 하셨다. 하나님이 세상을 이처럼 사랑하사 하신 말씀 대로(요3:16) 하나님의 사랑은 말로 표현할 수 없는 것이다.

아무리 큰 죄인이라도 자신의 죄를 위하여 상대방이 대신해서 피를 흘려서 죽도록 매를 맞고 죽었다가 살아나서 나를 믿으라고 하는 데는 못 믿을지라도 할 말은 없다. 하나님이 예수님을 죽도록 매를 치신 것은 바로 하나님 자신을 매로 치신 것이다.

"사랑은 여기 있으니 우리가 하나님을 사랑한 것이 아니요 하

나님이 우리를 사랑하사 우리 죄를 속하기 위하여 화목제물
로 그 아들을 보내셨음이라"(요일4:10)

다른 종교에서 무슨 소리를 하더라도 이 하나님의 사랑에 대해
서는 할 말이 없다. 죄를 알지도 못하시는 분을(고후5:21) 십자가에
달아 죽게 하시고 다시 살리사 그를 믿으면 이와 같이 부활과 영생
이 보장된다고 하시는데 무슨 말을 할 것인가.

하나님이 구원하신 성도들과 함께 계시는 영원한 에덴을 만들
기 위하여 성령님을 통하여 삼위일체 하나님과 에덴의 성도(교회)
들이 하나가 되어 살기를 원하시는 말씀이 성경에 여러 번 기록된
것을 살펴보자.

"내가 세상에 속하지 아니함 같이 그들도 세상에 속하지 아니
하였사옵나이다 그들을 진리로 거룩하게 하옵소서 아버지의
말씀은 진리니이다 아버지께서 나를 세상에 보내신 것 같이
나도 그들을 세상에 보내었고"(요17:16-18)

"그 날에는 내가 아버지 안에, 너희가 내 안에, 내가 너희 안에
있는 것을 너희가 알리라"(요14:20)

"예수께서 대답하여 이르시되 사람이 나를 사랑하면 내 말을 지키리니 내 아버지께서 그를 사랑하실 것이요 우리가 그에게 가서 거처를 그와 함께 하리라" (요14:23)

하나님과 예수님, 곧 여기서 우리라고 하신 분들은 성령님을 통하여 하나가 되신 분들인데 그 성령님께서 성도에게 오셔서 거처를 함께 하신다는 말씀이다.

여기서 잠깐 삼위일체 하나님이 함께 하시는 다른 표현을 알아보자.

"만일 너희 속에 하나님의 영이 거하시면 너희가 육신에 있지 아니하고 영에 있나니 누구든지 그리스도의 영이 없으면 그리스도의 사람이 아니라"(롬8:9)

여기서 하나님의 영이나 그리스도의 영은 모두 성령님을 이렇게 표현한 것이다. 삼위일체 하나님은 마치 삼각형을 그릴 때 삼면과 같아서 불분리 불혼합 불분할이라고 하여 삼불이라고 한다.

"보혜사 곧 아버지께서 내 이름으로 보내실 성령 그가 너희에게 모든 것을 가르치고 내가 너희에게 말한 모든 것을 생각나게 하리라"(요14:26)

추억을 먹고 산다

성부께서 성자 예수님의 이름으로 성령님을 보내신다. 이 성령께서 크리스천을 가르치신다. 주님과 관계된 것, 구원에 관한 것, 주님의 말씀을 깨닫는 것은 성령께서 우리를 인도하시고 감동하심을 따라 되는 것이다.

> "평안을 너희에게 끼치노니 곧 나의 평안을 너희에게 주노라 내가 너희에게 주는 것은 세상이 주는 것과 같지 아니하니라 너희는 마음에 근심하지도 말고 두려워하지도 말라"(요 14:27)

예수님을 믿는 사람이 평안한 것은 자기 마음대로가 아니고 성령께서 주시는 평안이다.

> "너희가 내 안에 거하고 내 말이 너희 안에 거하면 무엇이든지 원하는 대로 구하라 그리하면 이루리라"(요15:7)

성도가 예수님 안에 살고, 주님 말씀이 성도 안에 살면 기도 응답을 받는다는 것도 성도와 주님의 교제가 활발하다는 것, 포도나무와 가지가 서로 생명이 교류하는 것과 같다(요15:5)

"내가 아버지의 계명을 지켜 그의 사랑 안에 거하는 것 같이
너희도 내 계명을 지키면 내 사랑 안에 거하리라"(요15:10)

이것 역시 성부와 성자, 성자와 성도들(교회) 모두 사랑의 공동체
이니 성령으로 이렇게 된다는 것이다.

"사람이 친구를 위하여 자기 목숨을 버리면 이보다 더 큰 사
랑이 없나니, 너희는 내가 명하는 대로 행하면 곧 나의 친구
라"(요15:13, 14)

성령님을 모시고 성령님으로 인하여 하나되는 친구이다. 그냥
사람들이 교회에 왔다 갔다 하는 것으로 되는 것이 아니다. 서로
재미있게 왔다 갔다 하는 것으로 신앙생활을 한다고 하는 것에서
전진하여 성령님을 모시고 사는 생활로 성숙해져야 한다.

"너희가 나를 택한 것이 아니요 내가 너희를 택하여 세웠나니
이는 너희로 가서 열매를 맺게 하고 또 너희 열매가 항상 있게
하여 내 이름으로 아버지께 무엇을 구하든지 다 받게 하려 함
이라, 내가 이것을 너희에게 명함은 너희로 서로 사랑하게 하
려 함이라"(요15:16, 17)

추억을 먹고 산다

여기서 과실은 전도의 열매, 곧 제자 삼기요 더 중요한 것은 그 이전에 성령님의 열매다. 이 열매가 있어야 전도의 열매도 맺는다.

예수님은 "이러므로 그들의 열매로 그들을 알리라"(마7:20) 하셨고, 또 성경 다른 곳에는 "오직 성령의 열매는 사랑과 희락과 화평과 오래 참음과 자비와 양선과 충성과 온유와 절제니 이같은 것을 금지할 법이 없느니라"(갈5:22, 23) 했다.

크리스천은 반드시 성령님의 아홉 열매가 맺히게 되어 있다는 것. 앞에서 예수님의 말씀에 있는 열매는 전도의 열매 이전에 성령님의 열매가 있어야 된다는 것이다. 이렇게도 하나님은 택하신 백성과 하나가 되어 살기를 원하신다. 에덴 동산의 생명과실 보다도 선악과 보다도 귀한 성령님의 열매를 맺어서 삼위일체 하나님과 교제하며 살기를 원하시는 하나님의 귀한 사랑을 알아야 한다.

잠깐! 열매에 대한 이야기를 하다보니 나의 추억이 생각난다. 나는 과연 추억을 먹고 살았다. 내가 고등학교를 졸업할 때 앙케이트라는 것을 써 달라고 같은 반 학생들에게 돌렸더니 내가 평소에 가장 좋아했던 여학생이 기록한 내용이 바로 이 말씀이었다.

"이와 같이 좋은 나무마다 아름다운 열매를 맺고 못된 나무가 나쁜 열매를 맺나니 좋은 나무가 나쁜 열매를 맺을 수 없고 못된 나무가 아름다운 열매를 맺을 수 없느니라"(마7:17, 18)

오직 우리 반에만 여학생이 있었다. 내용을 요약하면 나는 이 여학생이 적어 준 성경말씀 때문에 예수님을 믿어 보려고 우리 마을에 있는 교회에 출석하게 되었고 결과는 오늘에 이르게 되었다. 그래서 지금도 그 학생을 생각할 때는 고맙게 생각하는 아름다운 추억을 되새기고 산다.

> "곧 내가 그들 안에 있고 아버지께서 내 안에 계시어 그들로 온전함을 이루어 하나가 되게 하려 함은 아버지께서 나를 보내신 것과 또 나를 사랑하심 같이 그들도 사랑하신 것을 세상으로 알게 하려 함이로소이다"(요17:23)

이렇게도 성령님이 삼위일체 하나님과 성도의 교제를 훌륭하게 하도록 하여 새 에덴에서는 확실하게 하나님의 추억을 회복하게 하신다. 성령님에 대해서 성도들은 말로만 아니고 실지로 우리 안에 계신 것을 믿고 성경말씀을 생각할 때마다 성령님이 그렇게 인도하심을 알고 사는 것이 귀하다.

성령께서는 성도 안에 늘 계시지만 성경 말씀이 떠오른다든지 성경을 읽을 때나 암송할 때는 성령님이 반드시 함께 하시는 것을 확인할 수 있다. 예수님이 무슨 사건이 있을 때나, 무슨 교훈을 하실 때는 반드시 성경을 인용하신 것은 그 분 안에 성령이 충만하시

추억을 먹고 산다

다는 증거요, 물론 그 분은 바로 하나님이시니 그 분의 입은 바로 성경 말씀을 하신다.

> "살리는 것은 영이니 육은 무익하니라 내가 너희에게 이른 말
> 은 영이요 생명이라" (요6:63)

하나님 아버지의 열심은 대단하시다. 첫째 아담이 에덴의 아름다운 추억을 무너뜨린 그 한을 풀기 위해서 이번에는 아예 성령님을 택하신 백성들 마음에 보내사 어떠한 난관도 극복하게 하신다. 마지막 아담이신 예수님을 보내사 사탄과 싸울 때 피를 흘리며 대적하여 이기게 하시고 성도의 마음에는 성령님을 보내사 지키게 하신다.

> "너희가 죄와 싸우되 아직 피흘리기까지는 대항하지 아니하
> 고"(히12:4)

예수님은 피 흘리고 싸우셔서 이기셨으니 성령께서는 크리스천도 죄와 싸우라고 하신다. 우리의 신앙 역사상 아벨로부터 오늘에 이르기까지 피를 흘리고 목숨을 바쳐 그리스도에 대한 신앙을 지킨 사람이 헤아릴 수 없이 많은 이 신앙의 역사는 피의 역사이다. 오늘날도 지구상에는 매일 그리스도 신앙 때문에 박해를 받는 사

람이 1억 이상이요, 주님을 위해 목숨을 바치는 사람은 5분에 한 사람이나 된다고 한다.

잠깐! 나는 순교란 말을 쓰기를 싫어한다. 예수님 신앙이 하나의 종교 행위가 아니기 때문이다. 그래서 기독교도 아니다. 사람들은 기독교라고 하니 여러 종교 중에 하나라고 생각하고, 종교마다 구원이 있으니 반드시 기독교로 갈 필요가 없다고 생각하고 예수님께로 올려고 하지 아니한다. 그래서 전도를 하면 나는 불교신자이니 내게는 전도를 하지 말라고 한다 과연 그럴까?

"너희가 성경에서 영생을 얻는 줄 생각하고 성경을 연구하거니와 이 성경이 곧 내게 대하여 증언하는 것이니라"(요5:39)

잠깐! 설교가 아니고 말씀증거 혹은 성경증거라고 해야 한다 다른 종교에서는 그 교를 논하는 것이니까 그러나 성경에서는 반드시 증거라고 기록하고 있다. 성경의 주인은 그리스도 예수님이시다. 그래서 성경을 읽고 말씀을 증거할 때는 반드시 예수님을 바로 증거해야지 성경의 주인이신 주님을 전하지 않으면 안 된다.

"하나님이 세상을 이처럼 사랑하사 독생자를 주셨으니 이는 그를 믿는 자마다 멸망하지 않고 영생을 얻게 하려 하심이라"(요3:16)

이 말씀, 곧 예수님을 믿고 영생에 들어가는 이치를 전하는 것이 바로 복음 증거요, 복음인데 이 예수님이 빠진 이야기는 복음이 아니다.

"세월을 아끼라 때가 악하니라"(엡5:16)

악한 세월 속에서 시간을 속량해 내어서 사용하라고 한다. 귀한 시간에 별로 필요 없는 말을 하여 시간을 보내지 말고 예수님을 잘 증거해야 한다. 귀한 예배 시간에 강단에서 하는 말이 구약 시대 이야기나 오늘에 대한 이야기를 하고 그 내용에 예수님에 대한 증거가 없으면 이것은 이미 복음이 아니다.

"살리는 것은 영이니 육은 무익하니라 내가 너희에게 이른 말은 영이요 생명이라" (요6:63).

예수님의 말씀이 바로 영이요 생명이라고 하셨다. 유대인들은 육안으로 보는 대로 판단하고 예수님을 거역하였으나 예수님은 육신을 가지셨으나 하나님이요 하나님의 말씀을 하셨다. 이 말씀을 이해 하도록 하는 말씀이 또 있다.

"만일 너희 속에 하나님의 영이 거하시면 너희가 육신에 있지 아니하고 영에 있나니 누구든지 그리스도의 영이 없으면 그

리스도의 사람이 아니라"(롬8:9).

크리스천도 착각하고 사는 사람이 많다. 이유는 육신의 지배를 많이 받고 살고 있으니 영을 귀하게 여기지 아니하고 육신대로 살기 때문이다. 크리스천은 이미 하나님의 영 그리스도의 영이신 성령님이 그들의 안에 계신다. 이 귀중한 생명을 가지고 있음을 알아야 한다.

> "그러므로 이제 그리스도 예수 안에 있는 자에게는 결코 정죄
> 함이 없나니 이는 그리스도 예수 안에 있는 생명의 성령의 법
> 이 죄와 사망의 법에서 너를 해방하였음이라"(롬8:1, 2)

사람에게 너는 죄인이다. 너는 죽을 놈이다 하고 정죄하는 것은 율법이요 더 나아가서는 양심인데 율법은 죄를 깨닫게 하여 죄인이라고 정죄하고 양심도 너는 죄인이라고 책망을 하지만 크리스천은 그 안에 생명이신 성령께서 계시기 때문에 너는 죄가 없다고 선언을 해 버린다.

잠깐! 법을 만드는 국회도 없고 법도 없는 나라에서는 소위 약육강식(弱肉强食)이란 말대로 약한 자는 강한 자의 밥이 되는 수 밖에는 없으나 그래도 양심의 법이 있어서 스스로 나는 죄인이라는

양심의 판단을 받고 살게 된다. 그러나 크리스천은 예수님이 대신 속죄의 양이 되셨기 때문에 율법이나 양심의 법이나 어떤 법에서도 심판할 수 없이 무죄 선고 되었다.

다시 잠깐! 나의 고향 이웃 마을에는 유명한 절이 있는데 그 경내에는 어느 법관이 양심의 가책을 받아 절로 들어가서 수도를 하고 죽었다고 큰 비석이 세워져 있다. 자신의 양심에는 가책을 벗었겠으나 스스로 깨달아 죄인이라는 것을 안다고 해서 그의 죄가 해결된 것이 아니다. 죄인인 것을 알았으면 죄를 벗겨 살려 주실 분을 찾아야 하는데 죄를 담당해 주신 예수님을 찾지 못하고 갔으니 불쌍한 사람일 뿐이다.

> "수고하고 무거운 짐 진 자들아 다 내게로 오라 내가 너희를 쉬게 하리라 나는 마음이 온유하고 겸손하니 나의 멍에를 메고 내게 배우라 그리하면 너희 마음이 쉼을 얻으리니 이는 내 멍에는 쉽고 내 짐은 가벼움이라 하시니라"(마11:28-30)

죄를 깨달아 알면 주 예수께로 와야 죄를 벗는다. 자신이 죄를 깨달아 죄에서 해방된다. 혹은 해탈을 한다는 것은 없다. 이것은 오직 인본주의요. 자신이 자신의 주인노릇 하는 철저한 무신론자이다.

PART **5.**

하나님과 욥과의
유별 난 추억

PART 5.

하나님과
욥과의 유별난 추억

"보라 인내하는 자를 우리가 복되다 하나니 너희가 욥의 인내
를 들었고 주께서 주신 결말을 보았거니와 주는 가장 자비하
시고 긍휼히 여기시는 이시니라"(약5:11)

여기서 욥이 당한 결말을 보고 주는 가장 자비하시고 긍휼히 여
기는 자시니라고 했다. 그러나 욥을 보면 그 결과는 하나님의 자비
와 긍휼이라고 할 수 있겠느나 욥이 시험을 당하는 과정은 참혹하
고 무자비 했다. 하나님 아버지께서는 사랑하는 아들을 이렇게 고
통스런 시험을 당하도록 허락을 하셨다는 것은 그 어떤 육신의 부
모도 이해할 수 없을 것이다.

사탄이 하나님의 허락을 받아 욥의 자녀들과 재산인 짐승들과
종들을 죽이고, 나아가서는 욥의 건강까지 빼앗아 온 몸에 피부병
이 들어 고통당했다.

"그의 아내가 그에게 이르되 당신이 그래도 자기의 온전함을
굳게 지키느냐 하나님을 욕하고 죽으라"(욥2:9).

　여기서 하나님은 욥의 자녀들도 욥의 시험에 가담시켜 다 죽게
만든 것이 얼마나 무서운 일인가. 욥의 자녀들 한 사람 한 사람은
각자가 가치와 신분을 가졌는데 그렇게 할 수가 있었는가. 하나님
이 허락하신 일이니 하나님께 헌신한 것이라고 볼 수 있으나 생사
람을 죽이는 희생의 제물과도 같다. 이런 비참한 시험을 당한 욥의
추억이 어떠했으랴. 욥은 생전에 이런 추억을 먹고 살았다.
　이러한 시험은 욥이 하나님 대신 전쟁터에 나선 것과 다름이 없
다. 하나님이 욥에게 알리지 않았으니 욥이 몰랐다는 것이 욥에게
는 큰 부담이었다. 하나님이 사탄에게 욥을 때려 눕혀보라고 하셨
다. 자식들 열 남매를 죽이는 일은 욥 자신을 죽이는 것보다 더 큰
고통이요, 거기서 더 나아가서 욥에게도 생명만 남겨 둔 것이지 남
은 것은 아무것도 없다. 그러나 하나님이 사탄에게 허락하신 것이
니 이미 이 시험은 성공한 것이었으나 너무 비참한 것이었다. 이런
시험은 예수님의 고난에도 감히 비교해 볼 수 있을 정도이다.
　잠깐! 나에게는 하나님께서 내가 이길 수 있도록 도와 주겠다고
하신다고 해도 못하겠다는 대답뿐일 것이다. 마치 하나님이 모세
를 시켜 이스라엘 백성을 출애굽 시키라고 명령하셨을 때와 같은

추억을 먹고 산다

형편이다.

욥은 과연 대단한 신앙의 인물이었다. 하나님이 힘을 주시고 응원하신 것이긴 하나 그는 역사상 드물게 볼 수 있는 신앙의 인물이었다. 하나님이 자신을 대신해서 사탄과 싸우라고 전장에 보낸 욥이었으나 욥은 그 사실을 모르고 싸웠다. 아들 딸 열 남매 양떼 소떼 약대의 떼 많은 종 다 잃고 아내도 떠나가고 온 몸은 병들고 남은 건 자신의 목숨 밖에 없었다. 하나님이 사탄에게 욥을 자랑한 것이 하나님이 욥을 사탄과 싸움을 붙이는 결과가 되었다. 이 사실을 알면서 하나님은 자랑을 하셨다. 사탄과 하나님의 종은 그 속성이 다르다. 하나님의 종은 자신에게 유익이 없어도 하나님께 순종할 수가 있으나 사탄은 자신에게 유익이 없으면 하나님을 순종하지 아니한다.

> "사탄이 여호와께 대답하여 이르되 욥이 어찌 까닭 없이 하나
> 님을 경외하리이까"(욥1:9)

이것 정말 주님의 종들이나 성도들이 경계할 일이다. 사탄은 본래부터 자신의 유익을 위하여 사는 것이 그의 근본이지만 성도는 그래서는 안 된다. 주의 일을 한다고 하면서도 한 푼 손해 볼 일은 하지 못하는 사람 이건 아니다. 주님은 내어주는 편의 사역자이시

다. 주님은 주는 것 밖에는 못하시는 분이다. 그래서 주님은 만민의 구주이시고 그의 생명까지 다 주신 분이다. 주님은 심지어는 그분의 속옷까지 다 주고 가셨다. 욥이 하나님을 대신해서 가진 것 모두 내어놓고 자신의 몸 하나까지 다 바치고 병든 몸에 이제는 호흡을 할 수 있다는 것 목숨 밖에는 남은 것이 없다.

욥 자신이 하나님을 대신해서 싸운다는 마음을 가지고 온갖 시련을 견딘 것은 아니었지만 사실은 하나님을 대신해서 싸운 것과 다름이 없었다. 하나님이 욥의 뒤에서 응원을 하셔서 승리한 것이다.

> "내가 모태에서 알몸으로 나왔사온즉 또한 알몸이 그리로 돌아가올지라 주신 이도 여호와시요 거두신 이도 여호와시오니 여호와의 이름이 찬송을 받으실지니이다"(욥1:21)

야고보, 곧 예수님의 아우 야고보도 욥의 인내를 언급하였지만 고난에는 기도하고 즐거운 자는 찬송하라 하였다(약5:13). 그런데도 욥은 이 말 못할 고난 중에도 하나님을 찬송하였다. 욥은 분명히 성령님이 함께 하신 사람이요. 성숙한 신앙인이었다.

앞으로는 욥이 기도를 한 내용과 그가 한 말들을 다 살펴보기를 원한다. 그래서 그의 신앙과 하나님에 대한 지식과 심지어 욥이 예수 그리스도를 맞이할 신앙을 갖고 있다는 것을 알게 된다. 욥의 고생이

추억을 먹고 산다

얼마나 심했을까 그것을 잠깐 기록하고 지나가야 할 것 같다.

(욥7:1-21) "1이 땅에 사는 인생에게 힘든 노동이 있지 아니하겠느냐 그의 날이 품꾼의 날과 같지 아니하겠느냐 2종은 저녁 그늘을 몹시 바라고 품꾼은 그의 삯을 기다리나니 3이와 같이 내가 여러 달째 고통을 받으니 고달픈 밤이 내게 작정되었구나 4내가 누울 때면 말하기를 언제나 일어날까, 언제나 밤이 길까 하며 새벽까지 이리 뒤척, 저리 뒤척 하는구나 5내 살에는 구더기와 흙 덩이가 의복처럼 입혀졌고 내 피부는 굳어졌다가 터지는구나 6나의 날은 베틀의 북보다 빠르니 희망 없이 보내는구나 7내 생명이 한낱 바람 같음을 생각하옵소서 나의 눈이 다시는 행복을 보지 못하리이다 8나를 본 자의 눈이 다시는 나를 보지 못할 것이고 주의 눈이 나를 향하실지라도 내가 있지 아니하리이다 9구름이 사라져 없어짐 같이 스올로 내려가는 자는 다시 올라오지 못할 것이오니 10그는 다시 자기 집으로 돌아가지 못하겠고 자기 처소도 다시 그를 알지 못하리이다 11그런즉 내가 내 입을 금하지 아니하고 내 영혼의 아픔 때문에 말하며 내 마음의 괴로움 때문에 불평하리이다 12내가 바다니이까 바다 괴물이니이까 주께서 어찌하여 나를 지키시나이까

13혹시 내가 말하기를 내 잠자리가 나를 위로하고 내 침상이 내 수심을 풀리라 할 때에 14주께서 꿈으로 나를 놀라게 하시고 환상으로 나를 두렵게 하시나이다 15 이러므로 내 마음이 뼈를 깎는 고통을 겪느니 차라리 숨이 막히는 것과 죽는 것을 택하리이다 16내가 생명을 싫어하고 영원히 살기를 원하지 아니하오니 나를 놓으소서 내 날은 헛 것이니이다 17사람이 무엇이기에 주께서 그를 크게 만드사 그에게 마음을 두시고 18아침마다 권징하시며 순간마다 단련하시나이까 19주께서 내게서 눈을 돌이키지 아니하시며 내가 침을 삼킬 동안도 나를 놓지 아니하시기를 어느 때까지 하시리이까 20사람을 감찰하시는 이여 내가 범죄하였던들 주께 무슨 해가 되오리이까 어찌하여 나를 당신의 과녁으로 삼으셔서 내게 무거운 짐이 되게 하셨나이까 21주께서 어찌하여 내 허물을 사하여 주지 아니하시며 내 죄악을 제거하여 버리지 아니하시나이까 내가 이제 흙에 누우리니 주께서 나를 애써 찾으실지라도 내가 남아 있지 아니하리이다"

욥이 이렇게 여러 달째 고난을 받았다는 것 이것이 너무 심하지 않는가 생각한다. 시험을 한다는 것이 며칠이라도 충분한 것인데 하나님이 왜 이렇게 하셨을까? 욥은 여기서 인간 이상의 초인적인

추억을 먹고 산다

모습을 보여 준다. 너무 힘이 들었을 것 같다.

> "나의 말이 곧 기록되었으면, 책에 씌어졌으면, 철필과 납으
> 로 영원히 돌에 새겨졌으면 좋겠노라 내가 알기에는 나의 대
> 속자가 살아 계시니 마침내 그가 땅 위에 서실 것이라 내 가죽
> 이 벗김을 당한 뒤에도 내가 육체 밖에서 하나님을 보리라 내
> 가 그를 보리니 내 눈으로 그를 보기를 낯선 사람처럼 하지 않
> 을 것이라 내 마음이 초조하구나"(욥19:23-27)

여기 구속자는 바로 예수님이시다. 우리의 신앙과 다름이 없다.
육체 밖에서 그 구속자를 보게 될 것을 말한다. 내가 친히 보리니
했다. 부활하여 예수님을 볼 것이라 했다. 육체로 부터 육체 밖에
서는 부활하여 예수님을 보게 된다는 소망을 가지고 있다. 마음이
초조하다고 했다. 우리의 소망과 무엇이 다른가. 하나님이 욥에게
나는 네 편이다 내가 너를 돕고 있다고 하시지 않아도 욥이 고난을
당하고 있을 때는 욥과 함께 하셔서 그 시험을 이기게 해 주셨다.

> "그런데 내가 앞으로 가도 그가 아니 계시고 뒤로 가도 보이
> 지 아니하며 그가 왼쪽에서 일하시나 내가 만날 수 없고 그가
> 오른쪽으로 돌이키시나 뵈올 수 없구나 그러나 내가 가는 길

을 그가 아시나니 그가 나를 단련하신 후에는 내가 순금 같이 되어 나오리라"(욥23:8, 9, 10)

욥은 지금 하나님을 볼 수 없고, 하나님이 어떻게 하실는지도 모른다. 그러나 욥은 하나님이 하시는 대로 가고 있다고 한다.

"내 발이 그의 걸음을 바로 따랐으며 내가 그의 길을 지켜 치우치지 아니하였고 내가 그의 입술의 명령을 어기지 아니하고 정한 음식보다 그의 입의 말씀을 귀히 여겼도다 그는 뜻이 일정하시니 누가 능히 돌이키랴 그의 마음에 하고자 하시는 것이면 그것을 행하시나니 그런즉 내게 작정하신 것을 이루실 것이라 이런 일이 그에게 많이 있느니라"(욥23:11-14)

욥은 하나님을 볼 수도 없고 앞으로 하실 일도 모른다. 그래도 그는 하나님의 말씀대로 살아 왔고 또 살아 가고 있다. 이렇게 하나님이 계획하시는 것을 몰라도 하나님은 욥을 내세워 사탄을 대하여 싸워 이기도록 끝까지 붙들고 계신다.

사람들이 보기에는 너무 심할 정도로 하나님이 욥의 고난을 지켜보시기만 하는 것 같아도 하나님은 욥을 붙들고 계시니 하나님과 욥의 추억은 대단할 것이다.

추억을 먹고 산다

우리들 일반 성도들은 비록 성도라고 하더라도 일곱 번 넘어져도 여덟 번 일어서는 경우가 많은 것인데 욥이란 사람이 무서운 환난을 한 번도 넘어지지 아니하고 승리하는 모습 참으로 대단한 것이다. 성도들은 욥의 정말 장부다운 신앙을 생각하면서 기도로 무장하고 싸워야 할 것이다.

잠깐! 참으로 죄송한 것은 나 같은 사람은 이런 고난은 아예 멀리서 보고 지나갈려고 했다. 아예 피해 갈려고 했다. 그래서 지금까지 육신도 건강을 유지해 나온 것, 물론 하나님이 도와 주셔서 여기까지 온 것이 죄송하고 부끄러운 것이다.

> "사람이 감당할 시험 밖에는 너희가 당한 것이 없나니 오직 하나님은 미쁘사 너희가 감당하지 못할 시험 당함을 허락하지 아니하시고 시험 당할 즈음에 또한 피할 길을 내사 너희로 능히 감당하게 하시느니라"(고전10:13).

이 말씀대로인 것이다. 나같은 연약한 인간이 감당할 수 있도록 하신 것이 고마울 뿐이다. 욥은 부자였으나 그의 부유한 것으로 조금도 자만하거나, 위로를 받거나 한 적이 없는 순수한 사람이었다. 여기 이 말씀을 보라. 오늘 이 세상에는 이런 사람을 찾아 볼 수 없을 것이다.

"만일 내가 내 소망을 금에다 두고 순금에게 너는 내 의뢰하
는 바라 하였다면 만일 재물의 풍부함과 손으로 얻은 것이 많
음으로 기뻐하였다면 만일 해가 빛남과 달이 밝게 뜬 것을 보
고 내 마음이 슬며시 유혹되어 내 손에 입맞추었다면 그것도
재판에 회부할 죄악이니 내가 그리하였으면 위에 계신 하나
님을 속이는 것이리라"(욥31:24-28)

중요한 욥의 말이 많이 있으나 우선 여기까지만 봐도 누가 이렇
게 살아가겠는가. 이 세상에 수 많은 사람이 심지어는 무슨 도인이
나 성자라 하는 사람이 많이 있지만 이렇게 순전한 사람은 찾기가
어려울 것이다.

"그대가 범죄한들 하나님께 무슨 영향이 있겠으며 그대의 악
행이 가득한들 하나님께 무슨 상관이 있겠으며 그대가 의로
운들 하나님께 무엇을 드리겠으며 그가 그대의 손에서 무엇
을 받으시겠느냐 그대의 악은 그대와 같은 사람에게나 있는 것
이요 그대의 공의는 어떤 인생에게도 있느니라"(욥35:6-8)

욥을 찾아와 고통 당하는 욥을 지켜보던 친구들이 한 이야기들
을 대표하는 말이라고 할 수 있다. 여러 달이란 이 세월을(욥7:3) 고

추억을 먹고 산다

통 속에 보낸 이 욥의 심정을 어찌 이해할 수 있으랴. 고통 당하는 욥에게 찾아온 친구들 마저 위로보다는 더 고통이 되었다. 그러나 그는 끝까지 순전함을 버리지 아니하고 주장하니까 오히려 하나님 앞에 약간은 교만한 듯한 모양이 되었다.

욥의 죄라고 하면 무조건 "잘못했습니다, 용서해 주옵소서, 살려 주옵소서" 매일 같이 이렇게 고백하고 조아리지 못한 것이다. 그런데 이렇게 하기가 쉬운 것이 아니다. 억울하게 고생을 하다보면 억울한 마음에서 잘못하면 분노가 폭발할 수 있는데 그러지 않은 것만도 훌륭한 인품이라고 해야 옳다. 하나님은 마지막으로 욥이 더 겸손해지기를 원하시고 연약하고 무지함을 깨닫게 하시는 말씀을 하셨다.

결과 욥은 회개한다. 하나님의 말씀을 들으니 과연 전지전능하신 하나님 앞에서 자신은 아무것도 아님을 알고 회개하였다. 그래도 회개하였다. 잘못이 없더라도 회개하였다. 억울하게 여겼던 것들을 회개한 것이다.

하나님은 욥의 세 친구 중 대표격인 데만 사람 엘리바스에게 하나님께 드릴 짐승들을 욥에게 가져가서 욥이 제사를 드리고 욥이 기도하면 기도를 받겠다고 하셨고 그들은 그렇게 했다. 욥의 친구들이 한 말들이 욥을 더 괴롭혀 잘못한 것이 있다는 것이었다. 그래서 하나님이 욥의 제사를 즐겨 받으시고 하나님이 욥을 이전보다 재산을 배나 더 주시고 자녀들도 다시 전과 똑 같은 수로 주셨다.

욥이 그 후에 일백사십 년을 살며 아들과 손자 4대를 보았고 늙고 기한이 차서 죽었다고 했다(욥42:16, 17). 욥과 하나님의 추억은 특별하였다. 하나님이 사탄에게 욥을 자랑하고 치켜 세워서 욥이 고난을 받게 된 것이다. 일반 사람이 아니고 사탄이니 이것은 결국 하나님과 사탄의 싸움이나 마찬가지요, 하나님이 보증하는 것이었다.

하나님께 허락을 받은 사탄은 욥의 목숨만 살려놓고 모든 것을 거두어 갔으니 무서운 전쟁이 일어난 것이었다. 여러 달 동안 이런 시련을 겪은 욥은 이러한 추억을 생전에 상상하는 것이 어떠했을까. 나 같으면 지긋지긋했을 것 같은데 하여튼 굉장한 추억이었을 것이다.

잃은 것이 모두 회복되고 승리한 고난이었으니 욥은 너무 황홀했을 것이다. 욥을 떠나갔던 아내도 몇 달 후였으니까 돌아왔을 것이다 남편에게 하나님을 욕하고 죽으라고 저주하고 떠났던 그녀는 얼마나 부끄러웠을까!

> "결코 내 입술이 불의를 말하지 아니하며 내 혀가 거짓을 말하지 아니하리라 나는 결코 너희를 옳다 하지 아니하겠고 내가 죽기 전에는 나의 온전함을 버리지 아니할 것이라 내가 내 공의를 굳게 잡고 놓지 아니하리니 내 마음이 나의 생애를 비

웃지 아니하리라"(욥27:4-6)

욥은 사탄과의 전쟁에서 이겼다. 자신이 옳다는 것을 말하느라고 하나님에 대한 겸비한 자세를 다하지 못한 부분을 회개하기도 했으나 욥에게서 우리 크리스천이 배울 것은 무엇인가. 하나님께 드리는 기도이다.

까닭 없이 사탄의 손에 넘어가서 아내와 자녀 열 남매 기타 그 부유한 재산을 다 빼앗기고 말았으며 몸에 나병, 곧 한센씨병 같은 병이 들어 생명만 붙어 있는 상황이었으니 여기서 이기는 길은 하나님께 기도하는 것 밖에 없었다. 한 순간 한 순간 온 몸이 아프고 더러운 고름이 나오고 하는 고통에서 살려 달라고 부르짖을 곳은 하나님 밖에 없었다. 오늘의 크리스천에게도 어떠한 역경이 부딪친다 해도 기도로 이긴다는 신앙으로 밀고 나아가야 한다. 욥이 말한 바와 같이 우리에게는 과연 보증인이 살아 계시고 성령으로 보증을 해 주시니 얼마나 든든하냐(욥19:25; 고후5:5)

아무리 부르짖어도 응답이 없는 하나님께 끝까지 부르짖었던 욥이지만 우리에게는 우리 안에 계신 성령께서 위로하시고 힘을 주시니 얼마나 든든하냐. 아무리 말 못할 사정이 있어도 죽을 수밖에 없는 고통 중에서도 우리는 기도로 승리한다는 이러한 믿음으로 살아야 한다.

PART **6.**

추억을
먹고 사는 사람들

PART **6.**

추억을
먹고 사는 사람들

세상을 살아 가면서 사람은 자신도 모르는 사이에 늙어가고 있다. 한 해 두 해 그러다가 70년 80년이 된다. 착실하게 하루 이틀을 일기로 적어가면서 살아도 혹은 그냥 대충 살아가더라도 어느 것이나 세월이 흐르는 것을 어떻게 몸으로 실증을 하면서 살아가기는 힘이 든다.

자신이 의사라고 해도 병원에 찾아오는 환자는 한 사람 한 사람에게 진료를 해 주고 키도 몸무게도 체온도 재보고, 기록해 두고 하지만 자신에 대해서는 오히려 그냥 짐작이나 하고 살아갈 수가 있다. 평생을 살아가면서 기억에 남는 것은 어디에 크게 아팠던가, 아니면 무슨 사고를 당했던가. 그래도 아무 일이 없이 지나왔던가 하는 일들일 것이다.

나에게 커다란 추억이 있다

내가 주님의 복음을 전한다고 다녔던 사람이기에 대단히 큰 추억이었다. 내가 한국의 서울 북쪽 지방에서 복음 사역을 하고 있을 때다. 당시 그 교회에 가끔 출석을 하는 공병 장교 한 사람, 교회에서 직분은 장로였다. 당시의 계급은 중령이었고 대대장쯤 되었다고 본다. 부대 내에 교회를 하나 세우겠다고 그 교회 이름을 무엇이라고 하느냐 라고 내게 자문, 내가 군대이니까 기드온이 어떠냐고 했더니 기드온 교회가 되었다. 아마 여기서 목회자 대신 섬기는 자는 대대장 자신이었다고 생각한다.

일년 쯤인가 지난 후에는 이 대대장이 그 부대를 이임하고 다른 부대로 가게 되어서 새 대대장이 오게 되고 자신은 떠나는 날 나를 초청해서 그 곳에 가서 내가 그 광경을 지켜보게 되었다. 수백 명 되는 병사들이 줄을 서서 기다리고 이 대대장은 지나가면서 한 사람 한 사람과 악수를 하고 지나가는데 거기 서 있는 병사 한 사람 한 사람 거의 예외 없이 눈물을 글썽였다는 것이 신기했다. 내 생각에는 이 대대장이 세운 교회에 출석하던 병사도 많았을 것이고 그 교회에서 은혜를 받았을 것이다. 물론 예배당이 큰 것은 아니었지만 상당한 사람들이 수시로 드나들었을 것이고, 평소에 대대장이 자기 자식들을, 혹은 아우들을 대하듯 사랑을 많이 주었던 것

추억을 먹고 산다

같았다.

　군대 생활이란 계급에 따라 위에서 명령하면 아래서는 순종하면 되는 것이지 여기서 무슨 인정을 느낄만한 분위기 같은 것은 찾아 볼 수 없는데도 어떻게 이런 결과가 나타났을까? 냉혹한 사회일수록 손짓 하나 말 한마디로 따뜻한 기운이 전파되리란 생각이다. 문찬국이란 분인데 그는 경남 김해 지방에 있는 공병학교에 있을 때부터 전도를 열심히 한 분이었고, 또 기억에 남는 것은 그분의 아내 역시 뜨거운 신앙인으로 학교 교사로 일했으며 열심히 기도하는 분이었다. 기도는 반드시 해야 되는 것이라고 한 말이 생생하게 떠 오른다.

　군에서 제대하고 신학을 하고 목회자가 되었으니 지금은 문찬국 목사로 은퇴 했을 것이고, 해외에 나가서 복음 전파 하는 일도 많이 한 것을 알고 있다. 대한민국 군대가 기드온 300명 용사처럼 신앙으로 뭉친다면 우리의 남북 통일은 멀지 않다고 생각한다.

　문 목사님이 아니고 장로로 대대장이었을 때 예배 시간에 기도를 해 달라고 부탁하면 기도를 하기 전에 **"두려워하지 말라 내가 너와 함께 함이라 놀라지 말라 나는 네 하나님이 됨이라 내가 너를 굳세게 하리라 참으로 너를 도와 주리라 참으로 나의 의로운 오른손으로 너를 붙들리라"(사41:10)** 말씀을 먼저 암송했던 것을 추억하고 있다.

　다음으로는 내 개인의 추억이다. 우리는 내가 신학교(대학원) 2학년 때 같은 동급생이 그가 섬기는 교회의 담임 목사님의 따님이 우리 신학교의 대학부 2학년이었을 때 나에게 소개해 주어서 사귀다가 결혼을 했다. 결혼은 했으나 우리의 생활을 담당해 줄 교회도 없고, 그렇다고 해서 결혼을 한 사람이 시골에 있는 고향집에 붙어 살 수도 없었다. 내 아내가 한 마디 부탁을 했다.

아내가 익혀둔 피아노 실력으로 어린이들을 상대로 레슨을 해 보겠다고 해서 피아노를 한 대 구입하기는 했으나 쓰던 것이라서 건반이 흔들리는 것이었다. 어느 길 가에 있는 방을 얻어서 레슨을 하게 되었다. 조금 시간이 흐른 후에 학생들이 많이 다니는 곳으로 이사를 하게 되었다. 이곳의 주소는 부산시 범일동 어느 길 가의 초라한 방 한 칸. 처음 이사를 해 놓고 그날 밤에 큰 봉변을 당하게 되었다.

그게 뭐냐. 다음 날 새벽 5시나 되었을까 머리가 너무 아파서 깨어났으나 정신이 없었다. 생각나는 것이 연탄가스. 그걸 피워놓고 잠이 들었는데 일어날 수가 없었다. 간신히 일어나 창문을 붙들고 서서 "하나님 살려 주세요." 몇 번인가 크게 소리치다 다시 주저 앉아 버리고 그 다음에는 아무것도 모른다.

그 다음에는 내가 문 밖 좁은 마당의 의자에 앉아 있고 그 옆에는 내 아내가 땅 바닥에 누워 있었다. 정신 없이 한참 앉아 있다가 보니 아내 얼굴에 누가 찬물을 끼얹은 흔적이 있었다. 어느 여인이

추억을 먹고 산다

"이 사람들은 하나님이 살려 주셨다"고 했고 아내는 오전 10시 쯤이나 되어서 깨어났다.

골목길 옆에 있는 집이라서 내가 부르짖는 소리를 듣고 들어 와서 집 주인과 함께 우리 내외를 문 밖으로 옮겼던 것이었다. 이상한 것은 연탄가스를 마시게 되면 점점 들이 마시게 되어 일어날 수 없게 되는데 내가 머리가 아파서 깨어나서 소리를 치게 되었다는 것. 무엇인가 할 일이 있다고 살려 주셨는데 그 은혜를 잊어 버리고 건강하게 살아 오면서 주님의 복음을 위해 충성하지 못한 것이 죄송하다.

그 이후에도 아내는 다니던 학교에도 다니지 못하고 레슨이나 하고 있으니 스트레스를 받아서 뒷머리에 원형 탈모증이 생겨서 한동안 고생을 했고, 그 다음 나는 또 말라리아에 걸려서 몇 주간은 고생을 했다. 병원에 달려가든지, 약방에라도 가든지 하지 않고 그냥 앓고 있었는데 뒤에 들은 이야기로는 고향의 어머니가 소식을 듣고 죽기라도 할 줄로 아시고 내가 쓰던 책을 보고 우셨다고.

약방에 가서 말라리아 약을 사 먹고 당장 건강하게 되었다. 이러한 추억은 이제라도 나를 신앙에서 보다 성숙하게 만드는 것임을 깨닫게 된다.

세월이 조금 흐른 후에 있었던 비행기에서 있었던 일. 우리 내외, 당시에는 큰 아이도 함께 가게 되었다. 아이들이 살고 있는 미국으로 가는 비행기를 탔는데 일본을 조금 지나 태평양 상공에서 기체가 한참 흔들리다가 수직으로 수천 피트 하강했다.

어떤이는 좌석에서 떨어져 뒹굴기도 했고, 다친 사람도 몇 있었다. 방송에서는 기상 이변으로 그렇게 되었다고. 미국 도착 후에 몇 사람은 병원행이 되기도 했다. 보기드문 사고였다. 이때 기도하는 사람이 많았다.

또 다시 비행기에서 만난 사연. 이번에는 유학중인 자녀들을 만나고 다시 한국으로 돌아오던 길에서. 비행기가 태평양 상공에서 한동안 빙빙 돌다가 다시 미국으로 돌아와 공항에 착륙했다. 내려서 보니 비행기가 착륙할 때 사용하는 비행기의 한 쪽 바퀴의 타이어가 벗겨지고 없었다. 비행기의 연료를 다 소진하고 착륙해야 하므로 주변을 빙빙 돌았다. 잘못하면 비행기에 불이 날 수도 있었다. 소방 대원들이 탄 차가 비행장을 둘러서 있었다. 언덕에서 많은 사람이 지켜 보고 있었다. 예수님이 또 살려 주셨다. 그 때도 많은 사람들이 기도하고 있었다.

또 한 번의 잊을 수 없는 추억. 2016년 6월쯤 당시엔 내가 아침 식사 후에는 매일 한두 시간 걸어 다녔는데 그 때는 이틀쯤 걸어다니기가 불편했다. 어깨도 아프고 허리도 아프고 약간 힘이 들었다. 그래도 며칠 후에는 동남아의 캄보디아에서 의료 선교사로 있었던 둘째 아들이 다니러 온다는 소식도 있고 해서 얘를 만날 때도 건강

　　　　　　　　　　　　　　　추억을 먹고 산다

한 몸으로 만나야 되겠다고 생각하고 힘을 내어서 걸어 다녔는데 그날 밤에는 아파서 잠을 잘 수가 없었다.

당시에 큰 아이는 패션 디자이너로 일을 했으므로 시간을 낼 수가 있기에 연락을 해서 그 아들 차로 병원에 갔다. 의사는 한 주간 있다가 결과가 나오면 보자고 했으나 그냥 계속 아파서 급한 상황인 것 같아서 아이와 점심을 먹고 다시 병원으로 갔더니 큰 병원, 곧 할리웃 차병원, 장로병원 응급실로 가게 되었고 이튿날 대 수술을 받게 되었다. 지금도 큰 흔적이 남아 있는 폐렴 대 수술을 받았다. 오른쪽 가슴 밑으로 해서 어깨 밑으로 칼로 가르고 고름을 여러 통 받아내는 수술을 하여 고름을 이삼일 간 받아내었다.

예수님은 옆구리에 창으로 찔려 물과 피를 쏟아내신 고통을 맛보셨으니 나는 주님의 고난에 비하면 몇 만분의 일이라도 체험을 하게 하신 것이라고 여겼다. 예수님은 이미 운명하신 다음에 창으로 찌르긴 했으나 생체요 나는 마취를 하고 고통없이 수술을 받은 것이어서 비교도 안 되는 것이었으나 그렇게 생각을 해 보았고, 아직도 그 흔적이 남아 있다.

내 아내에게도 커다란 추억이 있다. 적어도 한 40년 이상은 나는 이발관에 다니지 않았다. 아내가 내 이발사 역할을 해 주었기 때문이다. 한국에서는 이발관에 가면 면도까지 다 해주었으나 면도는 내 몫이었다. 내가 박자를 맞춰서 그런 것은 아니지만 아내도 나이가 드니까 머리칼이 희끗희끗 해져서 내가 적어도 한 십여 년은 머리에 검정색으로 염색을 해 주었다. 품앗이는 못되더라도 그랬다.

그러지 않아도 본격적으로 미국에서 살아온 지가 20여 년이 되었는데 그 태반은 내가 집안 일과 음식을 챙겨 먹고, 청소하고, 빨래하는 일을 도왔다. 아내가 노인네들 건강 보험을 도와 주었기 때문이다.

지난 번에 내가 폐렴 수술을 받고 병원에서 돌아오니 내가 자던 방에는 이부자리가 펴둔대로 그대로 있었다. 그 때는 병원의 높은 침실에 누워 있으면 아무 생각이 없었다. 그대로 얼마나 있게 될지 다른 곳에는 어떻게 살고 있는지 그냥 아득 하기만 했다. 그 때는 병원 입원도 퇴원도 모두 큰 아이 내외가 수고해 주었다. 다들 바쁜데 큰 아이 내외에게 고맙게 생각한다.

그 때는 퇴원 하자마자 그냥 집안 일을 계속했다. 또 다시 중요한 일이 생겼다. 아내가 한쪽 유방 절제 수술을 했다. 수술을 하지 않고 건강해지도록 해야 되는 것을 모르고 외과 의사의 말만 듣고 수술을 한 것이 지나친 것 같으나 어쩔 수 없었다. 한방에 능통한 사람이 권하기를 당근즙을 계속해서 먹으라고 해서 내가 그 일을 계속했다.

아파트에서 채소를 파는 시장까지는 걸어서 20분은 가야 되는

추억을 먹고 산다

거리를 카트를 끌고 다니고 자주 당근과 파셀리 기타를 구입하여 씻고 다듬어서 즙짜는 기계로 짜서 한 사발씩을 매일 아내가 먹도록 했다. 두 사람 분을 짜려면 채소를 다듬질하고 씻기가 힘이 들어서 당근은 짜고 난 다음 찌꺼기는 내가 먹기로 했으나 양이 많아 다 먹지는 못했다. 이렇게 당근즙을 4년간 짰다. 특별한 일이 없는 한 빠짐 없이 매일 이 일을 했다. 그 이후에도 건강이 좋으니 그 한 의사가 남편이 짜준 당근즙으로 그 만큼 건강해졌다고 하더란 말을 전해들으니 기분이 좋았다.

또 하나의 다른 추억은 한국에서 목회를 한다고 하면서 아이들을 키울 때의 일이다. 딸 하나 아들 둘 그러니까 금메달 하나에 동메달 둘이라 해야 하나. 초등학교에 다닐 때 교회 단체에서 성경 암송 대회를 매년 한 번은 했을테고 그때마다 우리 애들은 우수한 상장을 타왔다. 애들 엄마가 그걸 가르쳐서 그 상장들이 벽에 가득히 붙어 있었다. 칭찬할 만한 일이다. 아내는 지금도 손자에게 이 암송을 시키고 있다. 작은 아들에게서 난 아이들이 이제는 중고등학교 막내는 초등학생 또래다.

이 애들은 지금 중동 지방에서 복음을 전하고 있다. 물론 애들 아버지가 치과 의사인데 그곳에 가서 일하고 있으니 식구가 다 가서 살고 있다. 요즘은 편리하게 스마트폰이란 것을 가지고 서로 대화를 하고 있다.

큰 애는 바이올린을 배우고, 둘째는 성경 암송을 하는데 영어로 하고 있다. 한 주간에 여러 장씩을 하고 있다. 막내는 피아노를 대신해서 전자 피아노 악기로 연주를 한다. 아내는 재주가 다양하다. 본래는 대학 때 피아노를 전공했으나 오래전부터는 오히려 노래 부르기 곧 성악을 배워서 하고 있다.

큰 손자가 바이올린을 하는 것은 아버지가 그걸 한 때 전공을 하다가 치과 의사가 되었기 때문이요, 막내는 피아노이니까 물론이요. 둘째는 성경암송이다. 애들 엄마가 틈틈이 약간의 보조 교사 역할을 해 주기도 하고 있다. 매주 토요일 아침에 듣고 보고 애들마다 수고한 대로 몇 불씩 장학금을 주고 있다. 멀리 있어도 이런 일을 할 수 있는 세상이 흥미롭다. 아이들은 장학금을 받아 모으는 재미도 꽤 있는 것 같다.

사진이 말해주는 추억

수십 년 전부터 수년 전까지는 사진이란 것이 있어서 한 번 찍으면 수십 년을 두고 보는 추억이 대단했으나 지금은 스마트 폰 안에 저장을 하니까 개인적으로는 볼 수가 있으나 가족이 함께 보는 재미는 없다.

추억을 먹고 산다

나는 애들이 어릴 때 찍어 놓은 사진을 벽에다 비치해 두고 거의 매일 보고 있다. 어릴 때는 너무 정답게 자라고 지내던 모습이 이제는 모두가 자라서 각자가 가정을 이루고 살고 있으니 옛날 같지 아니한 점이 많이 안타깝다.

사진으로 특기할 만한 이야기가 있다. 우리 내외가 한국에 있을 때 미국 LA에 있는 딸 아이가 둘째로 딸을 낳아서 아들과 딸을 한두 살 차이로 한꺼번에 키우면서 학교에 다니기가 힘이 들어서 손녀를 한국에 데려다 키우기로 하고 말도 못하는 것을 데려왔다. 첫돌을 지나고 자박 자박 걸어 다닐 때까지 키웠다. 다시 미국에 있는 어미에게 데려다 주고 떠날 때 얼마나 헤어지기 싫어하든지 간신히 아이를 두고 눈물을 글썽이면서 한국으로 돌아왔다.

돌아오는 비행기에서 어느 할머니가 또 아이를 데리고 가는 장면이 나타났다. 동남아쪽 사람인데 역시 딸 아이가 마미 마미 하면서 울기를 몇 시간쯤은 계속했을 것이다. 우리와 비슷한 입장이라서 울면서 비행기를 타고 왔다.

하나님 아버지의 추억을 회상하게 된다

하나님이 아담 부부를 에덴에서 내어 보내시면서 가죽 옷을 지어 입히신 것 얼마나 애틋하셨을까. 그러면서 금방 죽도록 버려두지 않고 9백년이 넘도록 살게 두셨다.

아내가 사진을 잘 찍어서 두었기에 그 사진들을 크게 확대를 해 가지고 두고 두고 보니 마치 아이가 곁에 있는 것처럼 느끼고 살았다.

한 때는 한국에서 미국 노스캐롤라이나라는 지방으로 와서 교회를 섬기게 되었는데 그 사진을 벽에 세워놓고 아이가 보고 싶을 때 실물을 보는 듯이 보면서 위로를 받았고 지금도 그 사진들은 내 곁에 있다.

내가 하늘나라에 가기까지 잊을 수 없는 추억이 또 있다. 이것은 정말로 가슴 아픈 추억이다. 내가 한국 서울 북쪽 의정부시 어느 조그만 교회를 섬기고 있었을 때 어느 날 고향 밀양에서 전화 한 통이 왔다고 전해들었다. 이에 대한 상세한 이야기는 조금 있다가 하기로 하고, 형님 아들인 조카가 이곳 의정부 어느 장로님 댁으로 전한 내용이다. 고향 어머니께서 교통사고로 다리를 조금 다치셨다는 것이다. 그때 무슨 일이 있어서 하루쯤 지나고 나서 고향으로 왔다.

밀양 시내 어느 조그만 병원에 입원을 하고 계신 어머니는 "니 왔나" 하는 말씀 이후에는 나하고 대화가 없었다. 어머니 다리를 보니 통통부어 있는 한쪽 허벅지에 붕대를 감아서 두었는데 깨끗

하지 않았고 이상한 냄새가 났다. 내 생각에는 당장 큰 병원으로 모시고 가서 치료를 하면 성한 모습을 되찾을 수 있을 것 같아서 당장 부산에 있는 복음병원으로 가자고 했다.

아무도 가타부타 하지 않았고 조그만 차에 간호원 한 사람을 붙여 운송을 하는데 나도 어머니 곁에 타고 갔다. 당시에는 병원의 내 곁에 아무도 없었다. 형님도 조카들도 아무도 없었다. 어머니도 아무 말씀도 없고 나도 아무 말씀을 드리지도 못하고 급하게 달려 부산 복음병원 응급실에 입원을 시키고 나는 장거리를 달려 왔으므로 병원 밖의 어느 의자에 앉아서 졸아버렸다.

그 이튿날인가 의사 선생님이 환자가 피가 모자라서 무슨 대책이 없다는 식으로 이야기 했고, 조금 후에는 어머니가 숨을 거두셨다고 했다.

잠깐! 내가 의정부에 있는 교회로 나를 오라고 해서 갔는데 사택이란 방 한 칸도 없었다. 어느 집인데 버려져 있는 빈집이었다. 아랫채 방 한 칸에는 어느 사람이 살고 있고 웃채 작은 방 두 칸을 사용했다. 초가집이긴 하나 지붕을 짚으로 덮은 것은 아니었고 잠그고 다니기는 했으나 들어갈려면 쉽게 들어갈 수 있는 집 그러니까 시골 집이었다.

부산에서 개척교회를 하느라고 예배당을 신축을 하고 부채가 좀 있어서 어려울 때 가기는 갔는데 생활비를 주기는 주는데 그런

환경인 줄은 모르고 갔다. 그러니까 전화도 한참 걸어서 갈 수 있는 장로댁에 가서 걸어야 했다. 이전부터 알고 있는 장로라서 믿고 그냥 이삿짐을 싣고 부산에서 의정부로 올라간 것이 그 모양이었다. 그래도 아내는 원망 한마디 없이 잘 따라 다녔으니 고마운 정도가 아니고 내가 너무 힘들게 만들었다.

하여튼 내가 멀리서 달려가서 어머니를 뵙게 된 처지가 그러했다. 내가 찾아간 병원에는 오직 어머니만 한쪽 허벅지에 붕대를 감고 그렇게 누워 계셨다. 내가 왔다고 하니 얼른 어머니에게 처방을 하여 잠을 들게 만들어 버리고 내가 부산 복음병원으로 가자고 하니 서둘러서 부산으로 떠났으나 누구 하나도 내게 인사를 하는 사람도, 어머니의 경과에 대해서도 말이 없었다.

뒤에 와서 생각해 보니 이미 보호자인 형님이 어머니를 그대로 두라고 의사에게 허락을 해 놓고 시골집에서 농사 두량이나 하고 있었던 것이었다. 병든 사람이나 다친 사람이 병원에 가는 것은 그 사람을 치료하기 위한 것인데 병원에 가서 죽기만 기다린다는 것은 상식이 아니다. 내용은 이렇다. 형님의 맏사위가 생업이 남의 짐을 실어다 주는 운전이었다. 그래서 같은 동업인 운전자. 곧 어머니를 차로 치이게 한 사람을 도와 준다는 마음에서 차라리 죽어버리는 것이 비용도 적게 들고 해결도 빠르니까 그 방법을 쓴 것이다.

며칠 전에 뉴스를 들었는데 어느 중년 여성이 생선을 잘못 먹어 생선에서 전염된 독 때문에 사지를 절단해서 생명을 유지하게 됐다는 것. 이렇게 해서라도 살리는 것이 상식인데 허벅지의 상처만 치료하면 절고 다니더라도 건강하게 살 수 있는 사람을 일부러 피가 썩어서 죽도록 둔다는 것은 의사는 물론이요 환자 가족의 상식이 아니다.

하나님은 사랑하시는 사람을 일찍 데려 가신다는 데, 그로부터 20년을 더 사시면서 교회 마루 바닥이 눈물로 젖도록 기도해 주실 분은 일찍 가셨다.

내 외할머니는 예수님 밖에 모르는 분이셨고 어머니도 늦게 믿었지만 독실한 분이셨다. 기도를 많이 하셨는데 그분은 살아 계시는 동안 자녀들을 위해 기도를 많이 하셨을 테고 그랬더라면 자녀들이 더욱 더 복을 받고 번성하였을 것이다.

내가 일찍 서둘러 오지 못한 것이 큰 죄이지만 내가 오는 동안에라도 사람을 살릴려고 하지 않고 다리가 썩어서 패혈증에 걸려 죽으라고 일부러 버려 두었으니 깊이 회개해야 될 것이다.

내가 진작 이런 말을 하지 않았던 것은 지난 일은 덮고 남은 자녀들은 화목하기를 원했기 때문이다. 그러나 나도 이제는 어머니가 계신 하늘나라로 갈 날이 가까왔기 때문에 잘못한 것을 알아야 할 사람들이 알고 회개해야 된다는 뜻이다.

크리스천이란 사람들도 현실은 현실이고 내세의 일은 그때 가서 볼 일이라고 생각하는 이들도 있으나 현실과 내세는 멀지 않고 연결되어 있다. 살아 있는 동안은 좋은 추억이든 나쁜 추억이든 그 추억을 먹고 살게 되어 있으니 이것을 알고 회개할 것은 회개하고 바른 추억, 좋은 추억, 선한 추억을 만들어 살아가야 된다.

내 어머니의 손자들도 크리스천이었는 데 훗날 예수님을 만나는 것은 물론, 할머니를 만나게 될텐데 무슨 면목이 있을까. 하늘나라에 가면 옛날 일은 다 없어지고 좋은 것만 있겠지.

자식이란 누구나 부모님에 대한 추억이 세상에서 가장 애틋할 것이다. 고향 생각을 하면 아버지 어머니가 일하시던 밭두렁 논두렁 어느 한 가지 빠짐 없이 기억하게 된다. 이것이 추억이다.

하늘나라를 생각하면 예수님은 물론 특별히 우선적으로 만나야 할 분이고 그 다음은 어머니요, 외할머니요, 기타 믿음으로 살다가 가신 어른들, 신앙의 조상들이다. 이런 이야기를 할려면 많이 많이 길어질 수 있을 것 같고, 나의 얕은 인간 스토리일 뿐이라 일단 접고 다른 사람의 이야기로 돌아가 보기로 한다.

내가 섬겼던 어느 교회의 권사님을 빼 놓을 수가 없다. 그 때 그 분의 나이가 육십대 후반 아마 칠순이 가까왔다고 보는데 그 분이 요한계시록 전권을 암송하신 것은 누구에게라도 자랑하고 싶다. 그 분은 교육을 많이 받아 학식이 깊은 분도 아니고 평범한 분이셨

추억을 먹고 산다

다. 계시록 22장까지를 암송하시는데 얼마 동안 수고를 하셨는지는 모른다. 혼자만 아시는 일이니까. 그러나 그 방대한 내용을, 그리고 계시록이란 책은 평범한 내용이 아니고 보다 어렵게 표현한 것인데도 그분은 한 장 한 장에 나타난 장면이 흥미가 있다고 했다. 이렇게 살면 요즘 사람들이 걱정하는 치매는 가까이 오지도 못할 것이다.

PART **7.**

추억을 먹고
살다가 가면서

PART 7.

추억을 먹고
살다가 가면서

사람이 세상에 태어나서 또 다시 세상에 보내 주신 하나님께로 간다는 것은 기나긴 여행길이다. 인생길은 긴 것 같으면서도 너무 너무 짧은 것이 사실이다. 하나님의 사람 모세가 하나님께 드린 기도를 보면 그 사실을 잘 알 수 있다.

> "주께서 사람을 티끌로 돌아가게 하시고 말씀하시기를 너희 인생들은 돌아가라 하셨사오니 주의 목전에는 천 년이 지나간 어제 같으며 밤의 한 순간 같을 뿐임이니이다"(시90:3, 4)

시편 90편은 읽어 보는 것으로 만족할 수 없고 그대로 모두 암송을 해야 좋을 것 같다.

> "우리의 연수가 칠십이요 강건하면 팔십이라도 그 연수의 자랑은 수고와 슬픔뿐이요 신속히 가니 우리가 날아가나이다"(시90:10)

"우리에게 우리 날 계수함을 가르치사 지혜로운 마음을 얻게 하소서"(시90:12)

우리가 하루 하루를 살아가면서 이제 이 달은 며칠 남았지? 내가 이번에 지나가는 생일은 몇 번째지? 하면서 계산해 보는 것이 지혜롭다는 것이다. 모세의 기도, 참으로 우리 모두에게 주는 의미가 깊고 많다. 다윗의 시편이라고 할 만큼 다윗도 파란만장의 인생을 살았다. 그러나 모세의 기도라고 하는 시90편은 짤막하지만 그가 모세 오경의 저자인 만큼 인생의 깊이가 있다.

기록한 성경의 깊이와 넓이를 말한다면 구약은 모세요, 신약은 바울이다. 이렇게 넓고 깊게 하나님과의 추억을 먹고 살다 간 사람들의 인생이란 참으로 그 추억이 복될 것이다.

나도 나이 83세이다. 이 나이를 살면서도 온갖 풍상을 다 겪었다. 그러나 이 추억이란 하나님과의 아름다운 추억은 그렇게 자랑스럽지는 못하다. 나의 추억이란 것이, 하나님이 나를 기억하시는 추억이 복되고 아름다운 것이어야 하는데 아주 초라한 것일 것이다.

내 고향 이웃 마을에서 살다가 간 어느 어머니는 하나님 앞에 가면서 남긴 유언 한 마디가 많은 결실을 하게 된 것을 안다. 이런 경우를 보면서 나도 살다가 갈 때는 유언 한마디라도 열매를 맺도

추억을 먹고 산다

록 남기고 가야겠다고 생각한다.

　미국에 살고 있는 내가 수년 전에 한국의 고향 이웃 마을에 들려서 앞에 말한 그 어머니의 아들을 만났는데 타향에서 살다가 나이 들어서는 고향에 돌아가서 조그만 예배당을 건축하고 그 교회의 장로로서 충성하고 있었다.

　어머니가 남긴 유언 한마디, 형제 자매 7명에게 반드시 예수님을 믿으라고 부탁한 것을 순종하여 그들의 7남매가 모두 목사 장로 집사 권사로 여러 곳에서 예수님의 귀한 종들이 되어 섬기고 있다고 했다. 유언이란 남기고 가는 사람의 인품에 따라 결실한다. 평소에 기도를 많이 한 사람, 그가 하는 말은 믿어지니까 순종을 하는 것이다. 물론 하나님의 택하신 백성이니까 믿어지고 믿게 되는 것이지만 유언자의 신앙과 자세가 신중해야 한다.

　나에게는 유언이라고 할만한 무엇이 따로 없다. 내가 쓰고 있는 책 이것이 결국 유언이 될 것이다. 그러나 이것이 그 의무를 다하지 못하는 부분이 있는 것은 나로서는 어쩔 도리가 없다. 뭐냐? 내가 예수님을 믿고 부족하나마 할 일을 하다가 가는데 나를 보고 예수님을 안 믿는 사람들이 예수님을 믿어야 되는데 이 책을 보는 사람들은 거의 모두 예수님을 믿는 사람들이다.

　인생의 황혼기에서 육신은 연약하여 다른 활동적인 일은 못하더라도 할 수 있는 일이 있는데 그 일을 권하고 싶다. 이웃 사람들을 보면 TV를 틀어 놓고 거기에 빠져서 시간 가는 줄 모르고 하루 하루를 보내고 있다. 그까짓 것은 봐도 그만 안 봐도 그만이다. 영혼에 양식이라도 될 것은 별로 없다.

"세월을 아끼라 때가 악하니라"(엡5:16)

앞에서 모세가 기도한 것을 보았다. 잠깐이다. 그야 말로 참으로 잠깐이다. 나의 대 선배 되시는 어느 목사님은 목회 생활을 은퇴하고 나서 매일 하는 것은 우리 교단의 교회 주소록을 펴 놓고 각 교회를 위하여 목회자들을 위하여 기도하는 일이었다고 했다. 나는 그렇게는 못하더라도 새벽 기도 시간에 나와 혈연적, 아니면 친족을 위하여 기도하는 것은 물론이요. 내가 지나온 교회들을 기억하면서 목회자들이 목회를 잘 하도록, 그 밖에 기억나는 성도들의 후손들을 위해서 기도하고 있다.

세월, 아낄 시간도 없다. 나의 대 선배이신 박윤선 목사님은 훌륭한 교수요, 주석가 이신 데 그 분은 식사를 하실 때도 성경이나 신앙 서적을 보시거나 생각을 하시느라고 반찬이 여러 가지가 있으나 밥과 하나의 반찬에만 수저가 가고 오고 하여 반찬 한 가지만 없어지는 경우가 많았다고 들었다.

내가 전에 〈복음으로 돌아가자〉는 책을 쓰기도 했거니와 그 이

유는 예수님이 세상에 오셔서 처음 전하신 일성이 바로 **"이 때부터 예수께서 비로소 전파하여 이르시되 회개하라 천국이 가까이 왔느니라 하시더라"**(마4:17)

예수님의 십자가도, 부활도 모두가 복음이었고 성경 말씀 전체가 복음이기 때문이다.

> "너희가 성경에서 영생을 얻는 줄 생각하고 성경을 연구하거니와 이 성경이 곧 내게 대하여 증언하는 것이니라"(요5:39)

그래서 다시 성경을 인용하여 잔소리를 좀 한다.

> "지혜자들의 말씀들은 찌르는 채찍들 같고 회중의 스승들의 말씀들은 잘 박힌 못 같으니 다 한 목자가 주신 바이니라 내 아들아 또 이것들로부터 경계를 받으라 많은 책들을 짓는 것은 끝이 없고 많이 공부하는 것은 몸을 피곤하게 하느니라 일의 결국을 다 들었으니 하나님을 경외하고 그의 명령들을 지킬지어다 이것이 모든 사람의 본분이니라 하나님은 모든 행위와 모든 은밀한 일을 선악 간에 심판하시리라" (전 12:11-14)

그렇다면 어떻게 살아야 되는가

하나님이 첫 아담과 살았던 시절을 추억하시면서 그 시대로 돌아가게 하시려고 예수님을 보내셔서 새로운 에덴을 회복하시고 거기에 수많은 아담의 후손이 들어가서 살도록 하셨다. 그 새 에덴에는 하나님과 아담이 함께 사셔도 하나님 따로 아담 따로 그렇게 살면서 대화를 하시면서 살자는 것이 아니고 하나님과 마지막 아담이신 예수님과 성령님뿐만 아니라 아담의 후손인 성도들까지 서로 교제하며 살도록 해 주셨다. 그래서 다시는 하나님과 아담의 후손들이 이별하는 일이 없도록 하셨으니 이제 가장 중요한 문제는 하나님께서 추억하시는 대로 새 에덴의 삶을 살아야 하고 예수님께서도 추억하시는 대로 그렇게 살아가는 것이다.

"내가 아버지께 구하겠으니 그가 또 다른 보혜사를 너희에게 주사 영원토록 너희와 함께 있게 하리니 그는 진리의 영이라 세상은 능히 그를 받지 못하나니 이는 그를 보지도 못하고 알지도 못함이라 그러나 너희는 그를 아나니 그는 너희와 함께 거하심이요 또 너희 속에 계시겠음이라"(요14:16, 17)

"내가 너희를 고아와 같이 버려두지 아니하고 너희에게로 오

추억을 먹고 산다

리라 조금 있으면 세상은 다시 나를 보지 못할 것이로되 너희
는 나를 보리니 이는 내가 살아 있고 너희도 살아 있겠음이
라"(요14:18, 19)

"그 날에는 내가 아버지 안에, 너희가 내 안에, 내가 너희 안에
있는 것을 너희가 알리라"(요14:20)

　여기서 그 날이란 오순절에 성령께서 강림하신 때를 말한다. 그
이후에는 삼위일체 하나님과 성도가 서로 교제하며 하나가 되어
살게 될 것을 예수님이 친히 말씀하셨다. 예수님이 성부 하나님 안
에 계시고 성도가 혹은 교회가 주님 안에, 예수님이 성도나 교회
안에 계시게 된다고 하셨다. 이 사실을 그림으로 그려 보면 삼위일
체 하나님과 성도가 교제하는 것을 확실히 알 수가 있다.

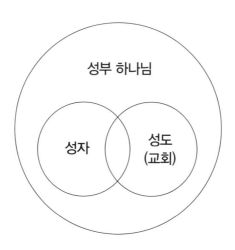

삼위일체 하나님은 성도(교회)와 교제하고 계신다.

더 자세히 이해 하려면 롬8:9을 보면 더 좋다. 이렇게 하나님과 아담의 추억은 영원한 것이다. 예수님이 생명을 주시고 이 추억을 회복하셔서 하나님과 아담의 후손은 그 결속이 단단하여 이제는 아담처럼 하나님과 이별하지 않고 영원히 살게 되는 보증을 하셨다. 성령님이 보증이 되시고 예수님이 그 보증을 확실하게 하신 것을 누가 허물 수 있으랴(고후1:21, 22). 감사 또 감사 밖에 없다.

추억을 먹고 산다

추억의 노래

PART **8.**

추억의 노래

추억

눈에는 삼삼하고

귀에는 쟁쟁하고

코 끝엔 찔레꽃 향기

혀끝엔 새큼 달큼

손 끝엔 정이 넘치고

가슴은 따뜻하여

호호 하하 이야기 꽃을 피우고

눈을 감아도

눈을 떠도

꿈속에서도 아련한 모습

이것이 추억이다

추억을 먹고 자라고

추억을 먹고 익어 간다

향수

꽉 수십리 밖에서 달리는 기적 소리가
은은히 들리고
아빠는 소몰아 밭을 갈고
엄마는 씨를 뿌리고
언덕에서는 익은 밤이 툭툭 떨어지고
난 그런 것 몰라라 하면서
실개천이 지절대고 흐르는
그곳이 내가 살던 곳

지금 거기에 아무도 아는 이 없어도
구만리 장천 여기서는 환히 보이는
그 곳이 내가 살던 곳

봄이 와 앞산에 진달래 피면
누나와 나는 꽃을 꺾어 송이 송이 만들어
아이들에게 자랑하던 곳

지금 쯤엔 강남갔던 제비가 돌아와
처마 밑에 알콩 달콩 집을 짓고 있겠지
그들도 내 이야기 조잘대고 있겠지

추억을 먹고 산다

그림자

휘영청 달 밝은 밤에

바닷가 모래 위를 걷고 있는 두 그림자

서로 속을 몰라 손을 못 잡고 있어도

달님은 속을 헤아려 빙긋이 웃고 있었다

아득히 먼 세월이 흐른 후에야

아련한 그 그림자를 보고 나도 웃는다

다시 가기 어려운 부산 송도 바닷가

지금도 모래는 밀려오고 밀려갈 것을

눈을 감아도 눈을 떠도

보름에도 그믐에도

낮에도 밤에도

언제까지나 눈에 선하리라

망향

산은
먼 산은
구름에 가려
다시 가려
고향은
아득한 고향
더 까마득
멀어지네

바람은
꽃샘 바람
이른 봄 바람은
산을 가려
꽃을 가려
심술 피우네

그래
그 바람도
아쉬운 것은
어릴적 불어 왔던
고향의 그 바람

178

아들

앞에 가는 청년의 머리 생김새가 닮아서
뛰어가 보니 아니라서
어느 청년은 걸음 걸이가 닮아서
좇아가 보면 아니라서
실망한 때가

아들이 무엇이기에
피를 가져가고
살을 가져가고
뼈를 가져 갔다고

언제나 어릴 때 노닥이던 모습이 좋아서
어디서나 생각키고
꿈에도 같이 있게 되는 것이 아들이다.

까마귀 노래

오늘은 어머니 날 아직도 미명인데

까마귀 새끼가 깍깍 노래하네

늙은 어미가 배고파 하니

무엇인가 먹이를 구하러 나온 효자

까마귀가

근심스레 부르는 가락이다

까마귀가 검게 생겼다고 깔보던

옛날이 지나가고

여기는 이국 땅 구만리인데

나는 엄마에게 밥 한상 못 차려 드렸어도

마음 아파한 적도 없었건만

머나먼 하늘나라 고향에서도

엄마는 날 생각하실꺼야

추억을 먹고 산다

파도

새파란 파도는 젊은이가 좋아라고

와락 달려들다 물러서고

와락 소리치며 달려들다 물러서고

쏴 거품을 물고 달려와

방파제에 손을 얹고 잡으려다

놓쳐서 물러서고 난 다음에

평생 세파에 바래인 머리칼이 하얀

노신사가 호젓이 방파제 위로 걷고 있는데

노을 속에 이글 거리는 햇님이

빙그레 웃고 있네

'추억을 먹고 산다'
그 이야기를 맺으면서

추억이란 말을 하다가 끝을 맺는다는 것이 이상하다. 어느 개인의 추억도 그가 세상을 떠나는 시간에나 끝이 날 것이요. 더군다나 여러 사람의 추억은 끝이 없다. 크리스천이 알아야 할 것은 이 세상에 살면서 예수님과 만든 추억만이 영원하고 가치 있는 것이란 말을 하고 싶다.

성경에 나오는 부자와 나사로의 사건은 우리에게 중요한 교훈을 하고 있다. 부자는 호화롭게 살았어도 하나님과의 추억이 전혀 없고 나사로는 거지였으나 하나님과의 추억 때문에 이 세상을 떠난 후에 아브라함의 품에 안겼다. 여기서 아브라함이 부자에게 한 말 이것을 추억하라고 했다. 세상에 살았을 때의 일을 추억하라고 했다.

크리스천은 세상에 머무는 동안 예수님과의 추억 이것이 귀중하다. 귀중한 추억을 간직하고 살다가 간다면 후회할 것이 없는 영생과 영원한 영광이 기다리고 있다.

예수님 어서 오시옵소서. 안 오시면 제가 갑니다.

추억을 먹고 산다

■
초판 1쇄 인쇄 / 2024년 2월 1일
초판 1쇄 발행 / 2024년 2월 5일

■
지은이 | 구 본 규
펴낸이 | 민 병 문
펴낸곳 | 새한기획 출판부

■
편집처 | 아침향기
편집주간 | 강신억

■
주소 | 04542 서울특별시 중구 수표로 67 천수빌딩 1106호
TEL | (02)2274-7809 / 070-4224-0090
FAX | (02)2279-0090
E-mail | saehan21@chol.com

■
미국사무실 The Freshdailymanna
2640 Manhattan Ave. Montrose, CA 91020
☎ 818-970-7099
E.mail freshdailymanna@gmail.com

■
출판등록번호 | 제 2-1264호
출판등록일 | 1991. 10. 21

값 13,000원
ISBN 979-11-88521-82-1 03230
Printed in Korea